“赢在开门红”全国各银行巡讲

“赢在开门红”巡讲获得认可

“赢在开门红”课堂展示

中国银行 BANK OF CHINA
赢在开门红 决
8全国巡讲
老师：孙军正博士

中国银行抚州-市分行2018年“开门红”
决胜开门红

凝心聚力
2017

赢在开门红 决胜2018
赢在开门红 决胜2018
赢在开门红 决胜2018全国巡讲
主讲老师：孙军正博士

“赢在开门红”证书展示

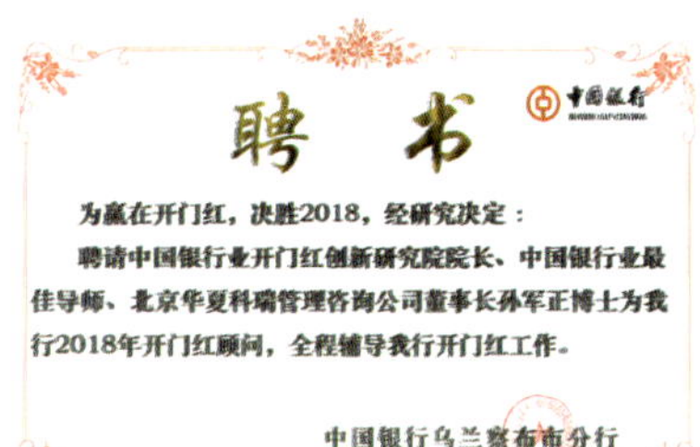

聘　书

为赢在开门红，决胜2018，经研究决定：

聘请中国银行业开门红创新研究院院长、中国银行业最佳导师、北京华夏科瑞管理咨询公司董事长孙军正博士为我行2018年开门红顾问，全程辅导我行开门红工作。

中国银行乌兰察布市分行

2017月12月5日

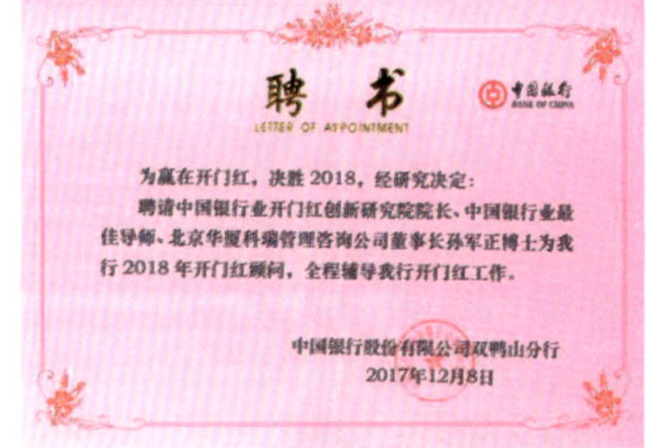

聘　书

LETTER OF APPOINTMENT

为赢在开门红，决胜 2018，经研究决定：

聘请中国银行业开门红创新研究院院长、中国银行业最佳导师、北京华夏科瑞管理咨询公司董事长孙军正博士为我行 2018 年开门红顾问，全程辅导我行开门红工作。

中国银行股份有限公司双鸭山分行

2017年12月8日

聘　书

LETTER OF APPOINTMENT

为赢在开门红，决胜 2018，经研究决定：

聘请中国银行业开门红创新研究院院长、中国银行业最佳导师、北京华夏科瑞管理咨询公司董事长孙军正博士为我行 2018 年开门红顾问，全程辅导我行开门红工作。

中国银行赤峰分行人力资源部

2017 年 12 月 16 日

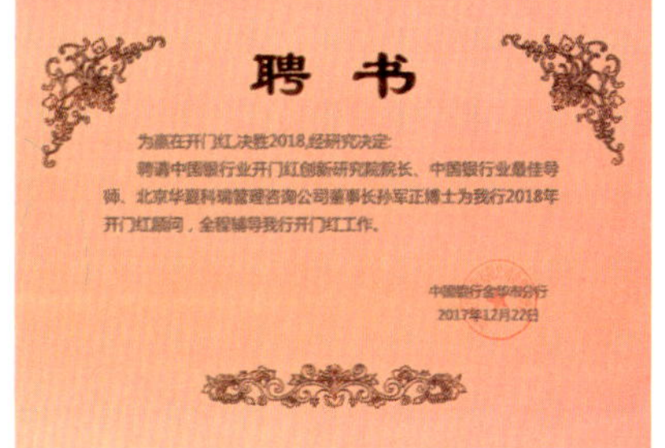

聘　书

为赢在开门红,决胜2018,经研究决定:

聘请中国银行业开门红创新研究院院长、中国银行业最佳导师、北京华夏科瑞管理咨询公司董事长孙军正博士为我行2018年开门红顾问，全程辅导我行开门红工作。

中国银行金华市分行

2017年12月22日

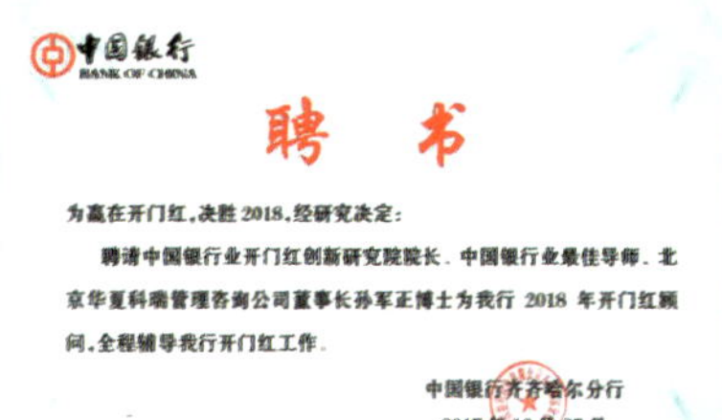

聘　书

为赢在开门红,决胜 2018,经研究决定:

聘请中国银行业开门红创新研究院院长、中国银行业最佳导师、北京华夏科瑞管理咨询公司董事长孙军正博士为我行 2018 年开门红顾问,全程辅导我行开门红工作。

中国银行齐齐哈尔分行

2017 年 12 月 27 日

聘书

为赢在开门红，决胜2018，经研究决定：

聘请中国银行业开门红创新研究院院长、中国银行业最佳导师、北京华夏科瑞管理咨询公司董事长孙军正博士为我行2018年开门红顾问，全程辅导我行开门红工作。

中国银行[illegible]

2017年12月28日

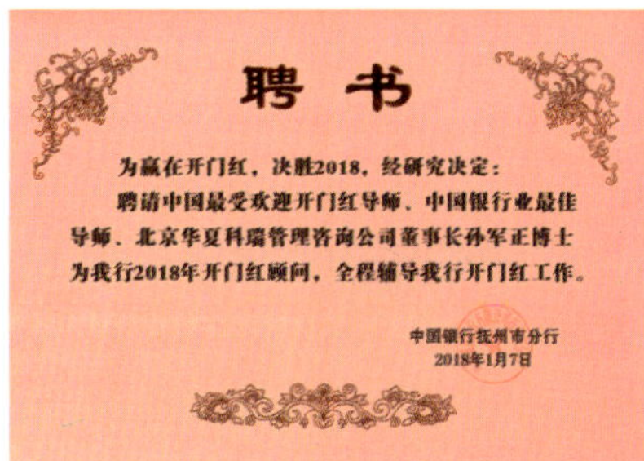

聘　书

为赢在开门红，决胜2018，经研究决定：

聘请中国最受欢迎开门红导师、中国银行业最佳导师、北京华夏科瑞管理咨询公司董事长孙军正博士为我行2018年开门红顾问，全程辅导我行开门红工作。

中国银行抚州市分行

2018年1月7日

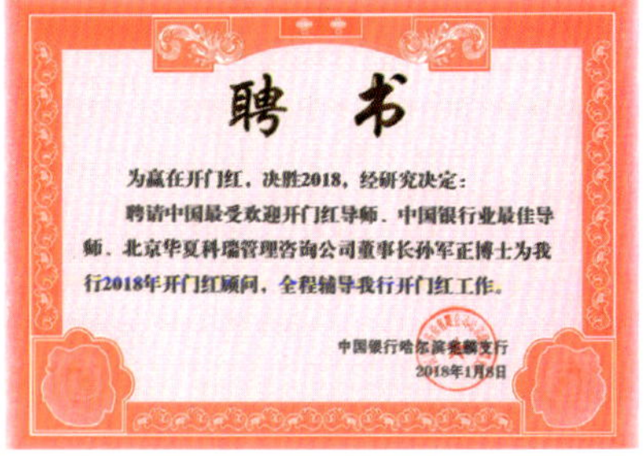

聘　书

为赢在开门红，决胜2018，经研究决定：

聘请中国最受欢迎开门红导师、中国银行业最佳导师、北京华夏科瑞管理咨询公司董事长孙军正博士为我行2018年开门红顾问，全程辅导我行开门红工作。

中国银行哈尔滨香坊支行

2018年1月8日

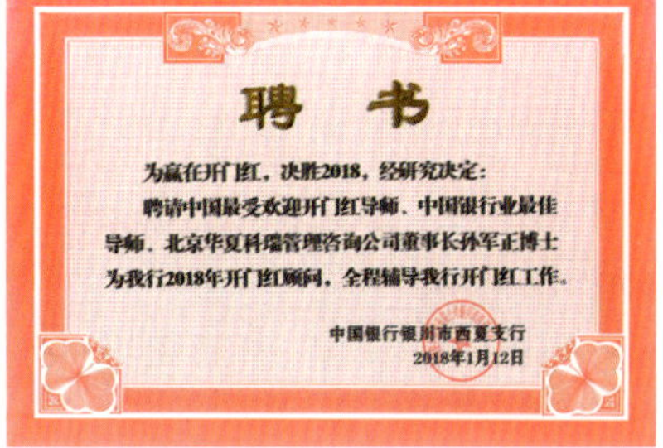

聘　书

为赢在开门红，决胜2018，经研究决定：

聘请中国最受欢迎开门红导师、中国银行业最佳导师、北京华夏科瑞管理咨询公司董事长孙军正博士为我行2018年开门红顾问，全程辅导我行开门红工作。

中国银行银川市西夏支行

2018年1月12日

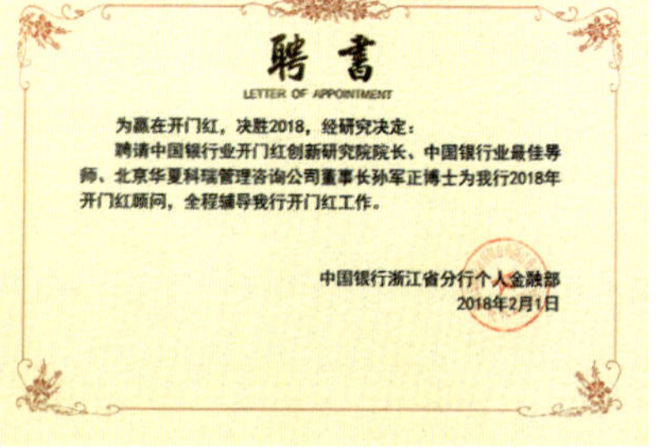

聘　書

LETTER OF APPOINTMENT

为赢在开门红，决胜2018，经研究决定：

聘请中国银行业开门红创新研究院院长、中国银行业最佳导师、北京华夏科瑞管理咨询公司董事长孙军正博士为我行2018年开门红顾问，全程辅导我行开门红工作。

中国银行浙江省分行个人金融部

2018年2月1日

商业银行“赢在开门红”系列丛书

赢在开门红

重建真诚服务新思维

孙军正／著

中国财富出版社

图书在版编目（CIP）数据

赢在开门红：重建真诚服务新思维／孙军正著．—北京：中国财富出版社，2019.1

（商业银行“赢在开门红”系列丛书）

ISBN 978－7－5047－6845－2

Ⅰ.①赢…　Ⅱ.①孙…　Ⅲ.①商业银行—商业服务　Ⅳ.①F830.33

中国版本图书馆CIP数据核字（2019）第020246号

策划编辑　谢晓绚　　**责任编辑**　周　畅

责任印制　梁　凡　郭紫楠　　**责任校对**　孙会香　卓闪闪　　**责任发行**　董　倩

出版发行　中国财富出版社

社　　址　北京市丰台区南四环西路188号5区20楼　　**邮政编码**　100070

电　　话　010－52227588转2048/2028（发行部）　010－52227588转321（总编室）

010－52227588转100（读者服务部）　010－52227588转305（质检部）

网　　址　http://www.cfpress.com.cn

经　　销　新华书店

印　　刷　北京京都六环印刷厂

书　　号　ISBN 978－7－5047－6845－2/F·2985

开　　本　710mm×1000mm　1/16　　**版　　次**　2019年5月第1版

印　　张　14　**彩　插**　4　　**印　　次**　2019年5月第1次印刷

字　　数　203千字　　**定　　价**　45.00元

前言

“服务”二字，我们常常挂在嘴边却又常常忘记。为什么这样说呢？比如，商业银行都在强调服务的重要性，对商业银行从业者而言，服务是一件非常重要的事。但当我们真正工作的时候，却又很难将服务落到实处。换句话说，我们只是把工作落到实处而已。

有人说：“服务是一件很难做的事情。”为什么服务难做呢？事实上，服务体现了一种无私的精神。然而，人却是一种“自私”的动物。一个人做事情，大多是从“利己”的角度出发的。如果一件事不是“利己”的，恐怕人就不会为之付出劳动。因此有人说：“给我多少钱的工资，我就干多少钱的活！”仿佛人的劳动只有一个目的：赚钱。服务是什么？服务是“利他”的！服务似乎是与人的“自私”本性相背离的一种“力量”。人们在克服主观自我的条件下，才能够展示出真正的服务精神。

如今，商业银行竞争非常激烈！有些银行为了提高竞争力想尽一切办法升级自己的硬件和软件；有些银行则是借助新产品推动营销；有些银行则是与第三方合作，拓展自己的业务范围，想要通过“跨领域”实现突破；有些银行则是看准了投资市场，打算摇身一变成为投资银行……古人云：“万变不离其宗。”对于商业银行而言，这个“宗”是什么呢？“宗”就是服务。如果没有服务作为载体，任何业务都无法顺利开展。对于商业银行而言，服务并不仅仅是服务，而是一种载体、一种工具、一种策略、一种营销方式。商业银行如果无法做好服务工作，又如何吸引客户上门呢？

本书是一本关于“什么是服务”“如何做好服务”的书。或者说，它是一本工具书，它更加突出了服务的工具性。当然，商业银行只有做好服务，才能够帮助广大客户解决问题，继而实现开门红。

孙军正

2019 年 2 月

CONTENTS 目 录

第一章

服务的真谛

服务的真谛是什么

世界上有许多美好的事物，比如爱。真正的爱是无私的，比如父母对儿女的爱，这种爱包含着一种义务。爱情也是如此，彼此付出且互不辜负。爱是人类最伟大的情感，没有爱，也就没有人类。

除了爱，服务也是无私的。服务可以是有偿的，也可以是无偿的。或者说，服务是一种为他人利益而办事的行为。孙中山先生说过一句话："人人应该以服务为目的，不当以夺取为目的。"服务意味着为他人做事，为他人付出，甚至为他人去尝试一些平日里不敢去尝试的东西，服务是一种牺牲，一种付出，一种爱。

众所周知，比利时的巧克力非常有名，此地也诞生了许多知名品牌。当然，比利时最具特色的还是那些历史悠久的手工巧克力店。在巧克力家族中，黑松露巧克力是非常有代表性的，口味独特且价格昂贵，常常被人们当作珍贵的礼物赠予朋友。

在布鲁塞尔的街头，有一家巧克力店。这家店非常有名，许多人宁可多走几条街也要来这里购买巧克力。有一年，一个叫胡塞尔的中年人来到这家店，打算购买一盒巧克力送给自己的大学老师作为生日礼物。巧克力店的老板非常热情，问胡塞尔："先生，请问您是送人还是自己享用?"

“送人，我的一位大学老师今年六十岁了！我想给他送一份甜蜜的生日礼物！”胡塞尔说。

“您看看这个款式的黑松露巧克力行吗？许多人都选择这一款，不但样式美观，而且口感非常不错！”老板向他推荐了一款由32颗“心”组成的巧克力礼盒，看上去非常精致、讨喜。

于是胡塞尔选择了这款巧克力礼盒，付了款。因为胡塞尔的老师是第二天过生日，他把巧克力放在了家中的餐桌上。当他第二天准备去拜会老师时，发现巧克力礼盒被打开了，并且里面少了三颗巧克力。胡塞尔了解状况后才知道，那三颗巧克力被他的儿子偷吃了。无奈之下，胡塞尔只能提着巧克力礼盒再次来到这家巧克力店，并向老板说明缘由：“真不好意思，巧克力礼盒里的巧克力被我的儿子偷吃了三颗，您看能否帮我补上？我付钱给您！”

巧克力店的老板微笑着说：“当然没问题！”

当这位老板拿着巧克力礼盒进入食品间准备补巧克力时，他才发现盒中的巧克力经过了太阳的照射，已经呈现出“半融化”的状态。为了让胡塞尔先生有一份拿得出手的礼物，这位老板直接为他换了一个全新的巧克力礼盒。

这真是一个温馨的关于巧克力的故事，巧克力店老板偷偷地、无私地为顾客换了一盒新的巧克力，而这盒新巧克力就像一颗“真心”。事实上，这就是一种服务，一种能够体现真谛的服务。

服务可以很简单，也可以很复杂。简单的服务，可以是一个微笑、一句令人愉悦的话、一个手势，甚至是倾听。复杂的服务，可以是一整套包括“爱”的哲学，抑或一整套体系。有一位银行行长说：“如果我们把客户比喻成一棵树，我们就是为这棵树服务的人。我们要给这棵树浇水、施肥、防风、保暖等，呵护着这棵树健康成长。只要这棵树活得好好的，银行人就有工作可做；假如这棵树死了，或者被其他人挖走了，银行人也就失业了。”从他的话中，我们还能够体会到商业银行与客户之间的微妙关系，而这种关系的纽带就是服务。没有了服务，银行与客户的关系也就没有了。

美国前总统富兰克林认为：人们从别人的发明中享受了很大的利益，人们也应该乐于有机会以我们的任何一种发明为别人服务；而这种事人们应该自愿和慷慨地去做。事实上，服务是构建社会文明的重要基石，各个机关、组织也是以服务为目的的。毛泽东甚至挥毫写下“为人民服务”这五个大字。服务是一种美德，一种牺牲，一种公民精神。教育家苏霍姆林斯基则认为，成熟的和真正的公民意识就是把为社会服务看作一个人最主要的美德。

商业银行是一个窗口企业，也是一个服务型机构。银行人向客户提供各种各样的服务是其主要职责。另外，服务还有一个隐藏的属性：营销。服务就是一种营销，服务令人愉悦，而这种愉悦让人产生购买的需求和冲动。正如营销大师科特勒所言：以顾客为中心，除了满足顾客以外，企业还要去取悦他们。这种服务看上去是一种有目的的服务，但是这种服务势在必行。因为客户需要这种服务，而商业银行必须为了满足客户的这种需求而提供相关的服务。

服务与被服务的关系

服务是一种有对象的服务，世界上并不存在一种没有对象的服务。服务的对象是一个“存在物”，它可能是动物、人、组织、国家等。自我服务也是一种服务，但其有别于服务的真正内涵。商业银行是一个提供服务的组织，服务广大客户就是其主要职责之一。如果商业银行只向客户提供商品而不提供服务，商业银行的功能就会被削弱。对于商业银行而言，银行是服务的提供者，客户是服务的接受者。服务的提供者与服务的接受者之间的关系，就是一种服务与被服务的关系。

商业银行与客户之间的关系，就是通过服务建立起来的。有一位客户前来咨询理财业务，接待他的是该银行的理财经理。客户问："我有一笔存款到期了，我想用它做一下理财，请您介绍一下相关产品。"理财经理微笑着说："很开心为您提供服务！银行理财分为很多种，有无风险理财和风险理财……"理财经理向客户介绍了许多产品，并对各种产品进行了横向对比。其间，理财经理还给客户端茶倒水，客户对理财经理提供的服务感到非常满意。于是，这位客户选择了一套理财产品组合，继续与该商业银行保持合作关系。在这个案例中，理财经理通过服务满足了客户的相关需求，比如产品需求、心理需求等。客户对此感到满意，就会主动伸出合作之手。理财经理向客户提供了服务，客户对该服务表示认可，所以双方才建立起一种稳定的合作关系。客户之所以能够成为回头客，主要还是因为服务在里面起到了作用。

商业银行与客户之间的服务与被服务的关系，能够呈现出多种多样的形式，具体如下所示。

1. 友善而公开

一般而言，银行客户经理与自己的客户，都有一种"不同寻常"的关系。这种关系，都是以友善为基础的。对自己的客户友善一点，客气一点，才能让客户感到满意。但是这种友善更多体现在专业的服务方面，而不是体现在私人关系上。言外之意，银行客户经理为客户提供的服务，是一种公开的服务，这种服务让"银行客户经理—客户"之间的关系保持着一种距离。正因为距离的存在，服务才能产生效果。如果两个人私人关系非常好，相互之间的关系便不是服务关系，而是一种私交关系。

2. 非主仆关系

对于商业银行而言，客户是上帝。在上帝面前，似乎所有的银行人都是上帝的仆人。此时有银行人反问一句："如果上帝拿仆人不当人看，我们也要认可他的地位吗?"当然不！服务与被服务的关系，建立在相互尊重的基础之上。只有双方彼此尊重，这种关系才能够成立。许多管理者要求服务人员学会忍，忍一切无法忍受之事。哪怕个别客户无事生非、恶意刁难并羞辱服务人员，也要求服务人员去忍。这种做法是不对的，它会消解掉服务的本质。客户经理向客户提供的是商业银行的各种服务，而不是提供让自己受歧视、不受尊重的服务。

3. 礼貌而不卑微

客户经理对待客户必须要有礼貌，没有礼貌的服务不是服务，而是野蛮和无礼。商业银行的管理者总是向自己的下属强调："一定要有礼貌，礼貌非常重要！"礼貌是服务的一项核心元素，礼貌对待客户才能体现服务精神。礼让客户，能够让客户得到被尊重的感觉。客户喜欢有礼貌的客户经理，不喜欢没有礼貌的客户经理。但是需要强调一点，礼貌不等于卑微。有些银行服务人员错误地理解礼貌，在客户面前表现出一种卑躬屈膝的姿态。事实上，这种表现同样是对服务的曲解。服务是有礼貌的服务，同样也是一种充满自信的服务。只有向客户提供礼貌而自信的服务，才能真正得到客户的认可。

4. 无私而非索取

服务是无私的，有私的服务只是一种交易。在国外一些餐厅，服务人员提供的服务，是一种打赏服务。顾客就餐期间，服务人员不间断地提供服务。

但是这种服务是有偿服务，顾客必须要给服务人员小费，这逐渐形成了一种规矩。这种有私的服务，只是服务人员打工赚钱的一种方式而已，它不是真正的服务。真正的服务，是无偿的、无私的。

服务是友善的、公开的、受人尊重的、有礼貌的、自信的、无私的。只有做到这几点，才能让服务与被服务的关系生效。

服务的特点是什么

服务是无私的、至高无上的，是人类文明的体现。社会的发展，文明的进步，离不开无私的服务。服务，是一种给予，一种帮助，一种配合。商业银行提供服务，也是为了更好地实现其职能。客户通过商业银行提供的服务，实现自己的需求，并带给自己物质与精神的双重满足。

在商品世界里，服务既是一种商品，又不是一种商品。服务是有价值的，这种价值能够给客户带来愉悦。从这个角度来看，服务似乎是一种有价值的商品，但是服务是看不见、摸不着的，它似乎是“虚无”的，众所周知，商品通常是有形的，无形的商品似乎就是一种服务。不管如何，服务价值越大，越能够打动客户；服务价值越小，越不容易打动客户。

某农商银行有一位客户经理王永明，他连续三年被评为“文明服务之星”。因为他的服务，许多客户成了这家银行的回头客。王永明是个人客户经理，服务片区内的个人客户。

有一年，王永明得知该片区内的一位老年客户，因中风而卧床不起，无法办理农商银行的相关业务。这位老人的老伴身体也不好，子女长期在外，往返银行就成了一件麻烦事。

为了帮助老人，王永明启动了上门服务。每个月伊始，王永明都会抽出一个早晨，去拜访老人。因为老人生病治疗需要银行提供相关服务，王永明就成了老人的“两条腿”。每一次拜访，王永明都会安慰老人：“您放心就行，银行方面的业务有我呢!”王永明上门服务的范围越来越大，后来甚至每周他都要亲自上门服务。

王永明的服务态度好，为农商银行树立了好口碑。许多人来农商银行办理业务时，点名让王永明提供服务。王永明认为：银行人的第一职责，就是为客户提供最优质、最贴心的服务。服务代表着银行人的心，服务做到位了，心也就到位了。客户能够通过银行客户经理的服务质量，判断出银行客户经理对客户是否上心，进而推断银行的服务质量。

服务虽然是无形的，但是其价值是有形的。有一位商业银行行长认为：服务体现银行的软实力。由此可见，服务对于商业银行的生存与发展起到了至关重要的作用。那么，服务有什么特点呢?

1. 服务具有无形性

服务不是一种商品，它并没有有形的肉体，服务是抽象的。也有这样一个观点：服务是无形的、抽象的、但具有价值的“商品”。对于一个商业组织而言，服务的目的是吸引客户、满足客户、留住客户。与商业相关的服务与纯粹意义上的服务还是有区别的。服务还是一种礼仪，一种沟通艺术的表现形式。服务是服务人员的“单方面给予”，却能够形成服务人员与客户的“双向互动”。这种看似无形的、抽象的商品，却非常有意义，商业银行的无形价值就是通过无形的服务来体现的。

2. 服务具有差异性

众所周知，许多行业都有自己的相关标准，比如建筑行业标准、环保行业标准、能源行业标准、外贸行业标准、水产行业标准等。但是服务不存在这样的一个标准。因此，无形的服务存在较大的差异。对于商业银行而言，设定属于自己的服务标准还是非常有意义的。有了这样的标准，商业银行从业者可以衡量自己的工作行为。或者说，服务标准也成了商业银行管理者考核员工的一个绩效指标。

3. 服务具有不可分离性

有一位管理学家说："服务并不是单独存在的，它一定与其他的行为'并行'存在。"某客户来到商业银行，有相关的需求。此时，商业银行为客户提供服务，并通过服务满足客户的需求，让客户购买商业银行的有形产品。因此，服务需要客户的参与才能成为服务。在这个例子中，服务与营销是一体的，服务是营销的帮手，营销时需要服务方法的作用才能朝着达成目标前进。从某种程度上讲，服务也是一种营销手段。服务是一种"技艺"，这种技艺"暗藏"在整个营销过程中。

除了以上三大特点之外，服务并不具备储存的特点。无形的服务，只能通过服务意识的培养和服务文化的传承，才能留存下来。本质上讲，服务是不可储存的。服务能够拉近商业银行与客户之间的距离，服务能够让商业银行向客户传达一种思想。商业银行离不开服务，人类世界也是如此。

服务意识是什么

服务意识并不是与生俱来的，需要后天的学习与培养。事实上，对于一个自然人而言，接受他人的服务或者享受服务才是一种与生俱来的本性。从定义上理解，服务意识是一种主动的、自觉做好服务的意识，是一个人发自内心的意识。服务意识与其他意识有相似之处，有强弱差异。对于一个职场人而言，拥有服务意识是非常重要的。如果没有服务意识，恐怕连基础性的工作也无法完成。

有一个叫王五的年轻人，因家庭条件不好，很小的时候就出来做学徒工。他跟着一位有三十年工作经验的理发师傅学习，希望能够掌握这门手艺，通过给人理发谋生。理发是一门“入门简单、精通很难”的手艺活。想要学好理发，首先要学会服务。

有一次，王五的师傅有事出门。出门之前告诉王五：“王五啊，我出去办点急事，很快就会回来。如果有客人来理发，你招待一下，让他们等一会儿。”

王五点点头，说：“师傅，你去吧！这件事就交给我吧！”

师傅刚出门不久，一位顾客来到理发店。顾客见王五的师傅不在，便准备离开。此时王五说话了：“我师傅刚出门，一会儿就回来！你在这里等他一会儿吧。如果你口渴了，壶里有热水。”

这位顾客便坐下来等。等了大概二十分钟，他确实有点儿口渴了。但是他不知道理发店的茶杯放在哪里，便对王五说：“小伙子，茶杯在哪里？能否帮我倒杯水喝？”

王五缓慢地抬起眼皮，然后扫了一眼顾客说：“那边橱子里有茶杯，你自己去倒吧。”

顾客见王五这副爱答不理的样子，心里非常不爽。于是他起身对王五说：“顾客口渴了，让你帮忙倒杯水，这很难吗？”扔下这句话，这位顾客便起身离开了理发店。

王五心想：自己有手有脚的，凭什么让我帮他倒水？顾客走了之后，又陆陆续续来了三名顾客。因为王五的“服务态度问题”，所有的顾客都离开了。

一个小时后，师傅回来了。师傅问王五：“客人呢？怎么都走了？”

王五便撒了个谎："师傅，他们看到你没在这里，转了一圈就走了。"

事实上，这位师傅在路上遇到了其中一位顾客。顾客对师傅说："你的小徒弟太懒了，根本不懂什么是服务。如果让他做接待，顾客都会被他赶走。"师傅对王五的做法感到很无奈。

王五没有被"扫地出门"，已经是师傅对他最大的宽容了。现实中，没有服务意识的人比比皆是。当然，我们不能说他们"错"了！只不过在服务行业里，没有服务意识是万万不行的。服务意识常常能够表现出"以他人为中心"的心理倾向，即以"他人利益"为服务的中心。

某商业银行客户经理王某，是一位非常出色的"服务能手"。工作二十年，他从未与任何一名客户红过脸。王某说："客户是我们银行的'衣食父母'，我们需要感谢客户，怎么能够与客户起争执呢?"有一年，一位客户来银行办理业务。这位客户喝了酒，态度非常不好。王某见此情况，主动将这个"业务"揽了过来。

王某先给客户倒了一杯水，然后微笑地对客户说："先生，您喝点儿水。喝了酒之后，喝水对身体有好处！"这位客户见他一直笑眯眯的，一点也不生气，情绪也就逐渐稳定下来，不再骂骂咧咧。

之后，王某非常有耐心。客户在酒精的作用下，有些听不清他的话。王某不厌其烦，一遍又一遍地向客户进行介绍。在这种耐心的服务"攻势"下，这位客户终于露出了微笑，向王某竖起了大拇指，说："王经理，你真是好样的！如果银行上下都像你这样，也就没有客户闹情绪了！"

王某并没有因为客户的好评而沾沾自喜，他坚持认为：服务是没有条件的，是主动的。看到客户的时候，这种服务意识就自动启动了。服务意识就是一种"思客户之所思、想客户之所想"的意识；服务意识还是一种“为了让客户满意而敢于牺牲小我”的意识。那些动不动与客户进行利益谈判的服务者根本不懂得服务的本质是什么，他们只是用服务这门技术从客户身上捞好处而已。很显然，王某不是这样的人。他真心实意对客户好，总能够站在客户的角度上思考问题。

王某向人们诠释了什么是服务意识，服务意识与爱的意识和奉献意识是存在关联的。换句话说，服务是一种爱，一种奉献，一种牺牲。拥有服务意识的人，看上去有些单纯，甚至有些“傻”，却能够把服务工作落实到位。商业银行需要一群拥有服务意识的人，而不是一群自私自利的人。某商业银行行长谈服务意识时说：“商业银行的构建，依赖于广大银行人的服务意识。银行是一个服务输出单位，让客户感受到无私的服务是银行人的工作，也是银行人的责任！”

服务营销组合是什么

前面简单介绍过，服务具有不可分离性。服务并不是独立存在的，它需要一个“媒介”进行传播。这个“媒介”，可能是一件商品，也可能是一件事。如果服务传播的“媒介”是一件具体的商品，我们就需要通过服务的形式向客户解答这件商品的功能和价值，以帮助客户更好地使用该商品；如果服务传播的“媒介”是一件事，我们就需要通过服务的形式让客户了解这件事。

营销的概念五花八门，甚至公说公有理，婆说婆有理。因为营销学并不是一门具有普遍真理性的自然科学。营销是一种服务学问，营销的过程，就是客户经理服务客户的过程。在这个过程中，有一个词不得不提：营销服务组合。什么是营销服务组合呢？客户经理在向客户营销商品时，需要同时向客户提供服务，从而确保客户能够接纳并正确使用该商品。营销服务组合，体现了营销与服务不可分离的特点。20 世纪 60 年代，营销大师杰罗姆·麦卡锡提出了 4P 营销理论，即产品、价格、促销、渠道，这就是一套营销服务组合。1981 年，销售大师布姆斯和比特纳对杰罗姆·麦卡锡的 4P 营销理论进行了扩充，形成了 7P 营销理论。如今，7P 营销理论已经成为全世界众多企业所认可的一套营销服务理论。

7P 营销理论包括如下内容。

1. 产品（Product）

商业银行有各种各样的产品，比如各种类型的银行卡等。这种看得见、摸得着的产品，需要银行客户经理去推销。在向客户推销的过程中，银行客户经理需要向客户提供相关的服务。服务的过程，既是营销推介的过程，也是客户经理与客户之间沟通的过程。在这样的一个营销过程中，产品是核心，也是服务营销的媒介。客户对产品有需求，同样也对商业银行所提供的服务有需求。

2. 价格（Price）

如今，许多同行企业之间都在打价格战，谁的价格低，谁就占据市场领先地位，比如京东商城、苏宁易购、淘宝天猫等购物节价格大战等。对于商业银行而言，打产品价格战似乎是不太现实的。许多商业银行推出自己的普惠金融产品，把实实在在的优惠送到客户手里。现在，各大商业银行都在力推自己的普惠金融产品，希望借助普惠金融的媒介，将更多的实惠和服务传给客户，从而占领市场。

3. 促销（Promotion）

促销是一个非常快速、直接的营销手段，能够短时间内为商业组织带来营销成绩上的突破。促销的方式有很多，有让利促销、捆绑促销、路演促销等。几乎每一家商业银行都会开展促销活动。促销，也是一种服务。商业银行通过促销服务让客户感受到银行的回馈力度。客户感受到商业银行的诚意，自然就会认可它们。

4. 渠道（Place）

当今社会，是一个渠道为王的社会。如果一个商业组织没有渠道，就需要想尽办法开拓渠道。渠道是怎么来的呢？按照一位营销专家的话说：渠道是靠人品换来的。事实上，一个人的良好人品是通过沟通、服务体现出来的。如果一位商业银行客户经理不懂得服务和沟通，也就无法取得客户的认可与信任。说到底，渠道是服务的一种延伸。服务做到位了，产品营销渠道也就打通了。

5. 有形展示（Physical Evidence）

产品的有形展示，也是一种服务。比如，一位客户来一家茶馆买茶，当他进入这家茶馆的时候，却没有发现相关茶叶商品和样品的陈设。客户转了一圈，发现没有自己想要的东西，便离开了。茶馆老板非常纳闷：这位客户真奇怪，怎么不问一问呢？客户给出了答案："没有产品展示，我怎么知道你到底有哪些商品可供选择？"说到底，产品展示的目的是方便客户选择。

6. 人员（People）

在整个营销服务组合中，人是最关键的。这里所说的"人"是提供服务的人，只有客户经理才能够向客户提供相关的服务。因此，商业银行应非常重视服务人才的培养。如今，许多商业银行加大了对银行从业者的服务培训力度，并将服务纳入绩效考核体系，从而推广标准化服务。

7. 过程（Process）

营销服务并不是一个“点”，而是一个过程。商业银行客户经理在服务客户的过程中，需要按照相关的服务礼仪标准去执行。比如，某商业银行曾推出四个标准服务，即站立服务、微笑服务、面对面服务、上门服务。每一项服务，都有相对应的标准。该银行的客户经理服务一名客户时，就需要严格遵循其服务标准。

营销服务组合，即以服务促进营销，以营销带动服务。营销与服务相互配合，才能体现营销和服务的价值。

服务与产品的异同点

服务是无形的，产品是有形的。如果从这个角度来看，服务与产品是完全不同的两种东西。但是无形的服务也会产生有形的价值，这种能够产生价值的服务又是一种无形的“产品”。因此，服务与产品似乎是可以相互转换的。服务与产品的真正差异，只不过体现在有无“实体”的标准上。

第一种产品，是纯产品，比如一包餐巾纸、一瓶洗发水、一盒牛奶。纯产品不包含任何服务的元素，它只是一个产品而已。人们对纯产品存在巨大的需求，吃喝拉撒、衣食住行都需要纯产品的支持和帮助。没有服务属性的纯产品与纯服务是完全不同的两个概念。

但是有人问：“一盒药，如果没有说明书，也没有医嘱，我们不会使用啊！它又属于哪种呢?”通常来讲，一盒药由三部分组成，即药片、药品包装盒、说明书。药片是纯产品，但是药品包装盒和说明书中就包含了服务。药品包装盒为药片提供一种保护，说明书则告诉消费者如何正确服用。也就是说，一盒药并不是一个纯产品，而是一个“产品+服务”的组合。即使只是售卖药片，售药人也会告诉你，这个药是治疗什么疾病的，一日几次，何时服用。这种告知，就是一种服务。如果没有这种服务的参与，这个产品是没有市场的。

第二种产品，是包含服务的产品。前面我们用一盒药进行了具体说明。现实中，大多数的产品是一种包含服务的产品。这种包含服务的产品必须借助服务的支撑才具备使用价值。

有一位消费者，从某电商网站购买了一台高清智能电视机。一天之后，网站把电视机送到家，然后告诉这名消费者：“你购买的电视机不包括安装、调试服务。如果需要该服务，请联系商家。”

这位消费者傻了眼，他非常生气地说：“如果你们只管送货不管安装，这个电视机我根本用不了！第一，我不会调试；第二，我没有专业安装工具，无法把电视机挂到墙上去。”

商家售卖这类商品时，应配有相关的安装、调试服务。为了解决这个问题，消费者致电商家，商家于当天下午安排安装人员为他进行电视机安装与调试。商家提供这样的服务，消费者才能正常使用电视。

第二种产品是离不开配套服务的。比如，一家企业购买了一套管理软件，软件卖方需要对这家企业的软件使用者进行集中培训。这种培训，就是一种配套服务。

第三种产品，是一种以服务为主的产品。某商业银行对硬件进行升级，于是找了一家外包公司。这家外包公司是做什么的呢？就是帮助商业银行进行硬件升级的。这种外包项目，我们也可以称其为外包服务。对商业银行而言，其购买的不是一个具体的产品，而是一个升级结果。这个结果，包括与升级硬件相关的耗材，以及高密度的服务集合。外包服务是“以服务为主、产品为辅”的服务，或者说是外包商提供了一种“以服务为主、产品为辅”的产品。只要商业银行得到合同约定的硬件升级结果，双方的合作就算完成了。

这种产品不仅离不开服务，甚至需要以服务为载体来体现产品的价值，外包商、通信商提供的产品都属于这一种。

第四种产品，是一种没有产品外形的纯服务。纯服务是不包含任何“实体”产品的一种服务，这种服务完全是无形的。有一位高三学生，高考前压力巨大，连续几次高考模拟考试，成绩都不理想。学生家长认为，学生的心理出现了问题。于是，学生家长带着学生来到一家心理咨询机构做心理疏导。心理咨询师对这位学生进行心理疏导时采取了专业的“心理干预+心理疏导”的方法，这种方法不借助任何药物。换句话说，心理咨询师只是给高三学生提供了心理疏导服务而已，这种服务是一种纯服务，不包含任何实体产品。

当然，纯粹意义上的服务也是非常少见的。人们在提供服务的同时，或多或少都会附带着一定的产品。比如顾客去美容院做美容护理，美体师在给顾客美体的时候，需要借助相关产品，比如按摩乳、精油、护肤品等。为了达到美体的效果，顾客在接受相关服务的同时，还需要购买相关产品进行辅助。只有这样，美容院提供的美体服务才完全。

服务与产品是有差异的，但是这种差异并不具备独立性。因为商家提供的任何一种产品都包括服务，商家提供的任何一种服务绝大多数都附带一定的产品。服务和产品是一个组合，是不分家的。我们讨论服务与产品的差异，只是为了让大家更深入地了解服务与产品的关系，从而能够正确地认识服务。

服务客户的基本理念

服务客户是一种理念，还是一种开展营销活动的必要行为。商业银行是一家金融企业，同样也是一家服务型企业，各银行网点等同于服务窗口。服务客户，就是让相关从业人员把客户当作上帝、把自己当成仆人。如今，各大商业银行通过提升服务质量来争夺客户资源。哪家商业银行服务到位，哪家商业银行就能抢占市场先机。服务客户是为了营销客户，营销客户才能保持商业银行的竞争力。我们借北方某商业银行的服务客户理念来诠释服务客户的重要性。

北方某商业银行在开展“开门红真诚服务活动月”时，体现了六大服务客户的理念。

1. 客户第一，诚信为先

客户第一，就是商业银行在服务客户的时候，要把客户放在最重要的位置上。“客户是上帝”不是一句空话，要以实际行动去践行。现实中，许多银行从业者认为：“客户是上帝”只是一句空话而已！上帝不会犯错，客户会犯错。虽然“金无足赤，人无完人”，但是客户永远都是客户，客户永远都是“对的”！这听上去很矛盾，但是银行从业者服务客户就是要以客户为中心，站在客户的立场上去思考问题。诚信是一种道德，服务同样能够体现这种道德。客户第一、诚信为先是一种良好的服务客户的理念。

2. 注重承诺，决不反悔

商业银行是一个靠“信用”吃饭的地方。如果某商业银行从业者不讲信用，不重视对客户的承诺，甚至出尔反尔，就会失去这名客户。某商业银行客户经理曾经向客户承诺：“只要您购买这份理财产品，我确保您可以每年得到5.2%的稳定收益。”到了年底，客户只得到了3.9%的收益，与先前的承诺存在不小的差距。客户与客户经理进行交涉，客户经理却找借口为自己开脱：“先生，任何理财产品都存在一定的波动性和不确定性，我们也无能为力啊。”针对不确定或者不可控的事情，一位资深银行行长的建议是：“不向客户轻许诺言!”

3. 注重细节，落实服务

有些人冒冒失失，做服务也是如此，不是忘了这里，就是忘了那里。如果真用这种服务方式服务客户，客户也会心生不满。比如，某营销人员服务客户的时候，虽然服务态度很好，但是服务的细节太差了。不是忘了这个环节，就是把客户的资料弄混了。一个很简单的业务，却让客户来来回回跑了两趟。假如这位营销人员能够细心一点，重视细节，能够进行自我工作核查，就不会出现这些问题。俗话说：“细节体现价值。”重视细节的银行从业者，才能够给客户提供无微不至的服务。

4. 热心服务，耐心服务

热心和耐心，是服务中必不可少的两个元素。如果一位银行客户经理失去了服务的热情与耐心，恐怕只会用冷冰冰的面孔敷衍自己的客户。有一位管理学家说：“热心服务自己的客户，才能让客户感受到温暖；耐心服务自己的客户，才能让客户感受到重视。”热心服务与耐心服务要同时进行，不可分裂。然而，银行从业者的热心也要有度，不能“热心泛滥”。

5. 决不诋毁竞争对手

在一个行业内，各企业之间相互进行恶意诋毁的现象并不少见。某化工企业销售员为了拿下市场，便散布了一个谣言：某企业生产的化工原料质量不达标，有一家下游企业使用该原料后导致大量产品不合格，并造成了严重损失。散布这样的谣言，诋毁自己的竞争对手，或许在短时间内是一种“损人利己”的行为，但从长远来看，是一种“损人不利己”的行为。尊重自己的对手，靠真诚的服务打败自己的对手，才是“君子行为”。

6. 竭尽所能满足客户

“竭尽所能”四个字，就是指尽最大努力。浙江某商业银行的行长说：“竭尽所能就是尽一切可能，充分调动自己的主动性和意志力。”在服务客户的时候，我们还要扪心自问：“我是不是竭尽所能了？是不是还有所保留？”服务是一种毫无保留的行为，是商业银行为了客户发挥出自己的最大能力。有些人会问：“客户不是我的父母，凭什么要竭尽所能？”对于商业银行和商业银行从业者而言，客户的的确确是“衣食父母”。尽全力服务自己的客户，才能保住自己的“饭碗”。

诚然，每一家商业银行都有自己的特色服务，服务客户却是商业银行开展经营活动的最重要的一项内容。只有扎实做好服务客户的工作，商业银行才有可能实现开门红、月月红、年年红。

服务是核心竞争力

服务是无形的商品，却可以体现有形的价值。一位管理学家认为：最好的服务价值百万。如果我们能够帮助自己的组织提升服务的水平和服务的形象，就可以帮助自己的组织吸引大量客户。

有一位中年男人叫保罗，他是三个孩子的父亲。为了养活这个家庭，他在一家养老院做护工。保罗工作起来非常扎实、勤恳，而且服务态度非常好。养老院里许多老人都把保罗当成自己的“亲生儿子”，保罗对老人们给他的这个称谓表示非常开心。

保罗说：“每当我听到他们爽朗的笑声，我就由衷地高兴。他们让我想起去世的父亲。这些老人，每个人都有自己的不幸，养老院似乎是他们唯一可去的地方。”养老院不是“家”，却成为许多老人的“临终居所”。对于这些可怜的老人而言，唯有无微不至的服务才能帮助他们摆脱失去“家”的痛苦。

有一位老人不慎摔倒，导致股骨骨折。照顾一位老人就已经是劳心费力的一件事，照顾一位不能下床、失去自理能力的老人更加劳心费力。其他护工感到麻烦，保罗便站了出来。他对其他护工说：“还是我负责吧，我比较有经验。”每天保罗都要给这位老人擦一遍身子，然后再帮助老人调整三次姿势。这样的工作，他一干就是三个月。许多人都对保罗竖起大拇指，说：“保罗才是养老院的第一名。”

事实上，保罗早已经成为家喻户晓的人物。许多准备选择养老院的老人，都会指定保罗提供服务。其中一位老人说：“如果一家养老院里面多几个保罗式的护工，想必养老院会比自己的家庭都要温暖。”换句话说，许多老人都是奔着保罗来的。

故事中的保罗，是一个服务非常贴心、到位的人。这家养老院能够提供这种人性化的服务，所以生意非常好。对于各大商业银行而言，最终比拼的不是硬件条件，而是服务质量。

服务，是商品的终极形式。过去，人们总是把商品和服务分开，商品是商品，服务是服务。到了后来，人们发现商品和服务是不分家的，商品是肉体，服务是灵魂，商品与服务共同组成一种“商品”，它包含了实体的商品和无实体的服务。如果这个终极形态的“商品”失去了灵魂，也将会失去价值。有人说：“海尔家电质量好。”但是有人反驳这种观点，并认为：海尔卖的不是家电，而是售后服务。如果没有良好的售后服务，恐怕也就没有那么多人选择购买海尔家电了。

服务，是一种导购形式。我们可以把服务看成营销的一部分，或说服务的目的就是营销。众所周知，许多企业、组织都采用导购服务，这种服务就是帮助客户做选择。商业银行也有这样的服务，银行客户经理通过一种类似导购的方式向客户介绍银行的各类产品和服务，并消除客户的疑惑，让客户主动进行选择。导购服务是一种技术，商业银行从业者可以专业学习该技术，继而提高自己的导购服务能力。

服务，可以弥补产品的不足。服务是一种有价值的隐形商品，它可以弥补并提升产品的价值和形象。有一家叫“七夜”的咖啡馆，这家咖啡馆产品价格较高，一杯蓝山咖啡可以卖到260元。然而，这家咖啡馆的人气非常高，甚至需要预约。一位顾客评价说：“这家咖啡馆，胜在服务。不仅咖啡是无限续杯的，而且咖啡馆的老板总能播放我们喜欢听的音乐，讲我们爱听的故事。”言外之意，这家咖啡馆并不是一个纯粹的喝咖啡的地方，而是一个享受午后时光的桃花源。优良的服务弥补了咖啡价格的带来的不足，提升了咖啡馆的形象和档次。

服务，可以给客户增加信心。某一年，笔者陪朋友去医院检查治疗。接诊的大夫是某名校毕业的博士，并且还是业内专家。接诊时，他没有任何表情，提醒你张嘴你就张嘴，提醒你做检查你就去做检查，诊疗过程中并无交流。朋友纳闷：“难道我得了不治之症吗？告诉我一下也好啊？”后来，朋友换了一家医院，接诊的是一名女大夫。这名大夫服务态度非常好，而且对待病人和蔼可亲，诊疗沟通也非常到位。朋友很高兴，说：“如果之前的那位大夫告知我病情状况及如何配合医生的治疗，我根本不需要换医院。”良好的服务让客户的心里更加有底，增强了客户合作的信心。

服务是营销的推动力，更是一种核心竞争力。商业银行要加大服务文化的建设力度，培养员工的服务意识，借助服务的力量推动商业银行的创新与发展。

第二章

服务的差异化

个性化服务的定义与特点

如今，与商业营销相关的服务类型有很多，比如个性化服务、特色服务、常规服务等。每一种服务类型都对应着一种营销手段。在林林总总的服务类型中，个性化服务是商业银行使用率最高的一种服务类型。

什么是个性化服务呢？个性化服务就是针对客户的个性化需求而设定的服务。比如，有一名客户喜欢安静的沟通环境，客户经理就为他营造安静的服务环境。客户的个性化需求是不同的，客户经理提供的服务也要根据客户的个性单独进行设计。医生给病人看病，每一位病人的病都不尽相同，医生给病人进行诊疗的过程也是一个个性化诊疗的过程。个性化服务分为两种，即主动个性化服务和被动个性化服务。

主动个性化服务是一种有提前准备的服务，这种服务需要商业银行提前对自己的客户群进行分析。比如，张三喜欢什么、李四又喜欢什么等。对客户的分析了解越翔实，个性化服务的成功率也就越高。

被动个性化服务是一种没有提前准备的服务，它是偶发的。例如，商业银行客户经理在对客户进行常规服务的时候，发现该客户对常规服务不感兴趣，为此，客户经理需要对客户的当前需求做出判断，并做出服务类型上的调整，以满足客户的需求和要求。

个性化服务等同于人性化服务，它完全是根据“人性的特点”进行设计、布置的。那么个性化服务都有哪些突出的特点呢?

1. 能够对客户进行细分

每一名客户都有自己的想法、喜好和个性。如果采取主动个性化服务,商业银行可以对客户进行深入了解,比如了解客户的家庭收入、生活习惯、对商业银行的产品和服务的需求和偏好等。客户是上帝,了解客户是商业银行的必修课。如果我们了解了客户,就能对商业银行的客户群进行精准划分。这项客户群的划分工作,对商业银行开展营销活动是非常有意义的。

2. 能够深入了解客户的需求

现实中,许多人尝试的营销方法是生硬的。曾有一位保险公司的保险推销员,他来到一家公司,直接对该公司的老板说:“老板,我是某保险公司的保险推销员,我公司推出了一款非常好的产品,这款产品非常适合您这种老板购买。”这位老板非常愕然,并反问保险推销员:“你听谁说我对保险有需求了?”老板拒绝了保险推销员的推销,服务就此中断。个性化服务有一个特点,就是提前对客户的需求进行了解。只有充分了解客户的需求,才能够准确地找到服务的切入点。

3. 能够对客户的变化给出相应的对策

有一位商业银行的行长说:“客户都是善变的,客户都是不忠诚的,客户就像天气一样,可以一日三变。”这句话得到了绝大多数人的认同,善变的客户常常能够在服务过程中提出“莫名其妙”的要求,如果我们无法做出有效应对,就会被客户拒绝。有一位顾客在餐厅就餐,就餐到一半的时候,他突然喊来服务员,并对服务员说:“我要的是冰葡萄酒,而不是这种冰镇葡萄酒。”很显然,服务员对顾客的最初需求的理解是“错误”的,他必须及时给出应对策略。于是，他及时调整服务方法，并启用纠错式服务向顾客道歉，及时满足了顾客的需求，为其更换了一支冰葡萄酒。如果客户的善变与客户经理的不善变形成了一种反差，那这种反差会让客户感到失望。个性化服务的最显著的特点，就是及时调整服务策略来应对善变的客户变化的需求。

4. 能够给客户提供细微的服务

无微不至、细致入微的服务，同样也是个性化服务的特点。细节决定成败。许多客户非常在乎服务的细节，并一直认为：细节才是衡量商家是否对客户用心的唯一标准。在某城市的一隅，有两家拉面馆。一家人气旺、生意好，另一家人气差、生意差。差距在哪里呢？一位经常吃拉面的顾客说："人气旺的这家拉面馆，不管是装修风格、使用的餐具、汤面的比例和数量都是非常考究的，处处体现出商家的用心。另一家拉面馆，则完全是不同的场景，不仅就餐环境不好，而且面条的粗细程度也不同，给人一种敷衍的感觉！"当然，细致的服务是细致到方方面面的服务，而不只是拥有几种特有的表现形式。商业银行客户经理对客户提供的服务，应该是细致到每一个角落的人性化服务，是一种没有死角的服务。

个性化服务的针对性很强，常常能够帮助我们化解个体性的服务难题。这种服务类型非常应景，是一种具有个性化功能的差异服务。

个性化服务的作用

如今，许多商业银行都在开展个性化的服务。个性化服务，也是一种"关注个人"的服务表现形式。客户不仅是商业银行的上帝，而且是商业银行最宝贵的财富资源。许多年前，商业银行还采取一种"以我为主"的管理经营方式；如今，商业银行却一改往日的经营策略，采取了一种“以客户为主”的管理经营方式。管理经营方式改变了，服务客户的类型也随之发生了变化。

某商业银行行长认为：个性化服务是一种差异化服务，这种服务与客户所需求的服务存在一种天然默契。客户要A，商业银行就要给客户A；如果客户要A，商业银行给的是B，客户就会不满意。客户不仅是善变的，而且还是敏感“任性”的。客户是自私的，他们只是在寻找符合自己要求的“东西”而已。这个“东西”就是“产品—服务”的结合体。国内某知名管理专家认为：个性化服务并不仅仅是一种“分内”的服务，而是一种“分内＋分外”的服务。言外之意，“分内”的事情一定要做好，“分外”的事情也要考虑并做好。对于商业银行而言，“分内”就是满足客户的需求和要求；“分外”就是夯实服务，做到360度服务无死角。只有这样，才能达到服务预期，甚至超越服务预期。那么，个性化服务到底有哪些具体的作用呢？

1. 开拓市场

个性化服务有一个重要的任务，就是对客户群进行了解并分类。在了解客户、整理客户资料、与客户沟通的过程中，商业银行也就对市场进行了摸底。比如，某商业银行对片区内的客户群进行走访，一边走访一边整理客户资料。走访的过程就是市场的再开发过程。个性化服务并不仅仅是一种固有形式的服务，而是贯彻整个营销过程的服务。也就是说，银行客户经理从跑市场到挖掘客户需求再到双方签约，都需要个性化服务的全程参与。

2. 促进创新

个性化服务有一大特色：变！客户是善变的，个性化服务就要跟着变。非个性化服务是一种“以不变应万变”的服务，个性化服务是一种“以变应变”的服务。从本质上讲，个性化服务处于不断创新、演变之中。当今时代，是一个快速变化的时代。人们活在当下，也就产生了不断变化的需求，连人的性格、喜好也是在不断变化的。在这样的考验下，商业银行必须对服务进行创新，不断改变服务的招式，以应对这种变化。商业银行的营销，是与每一个自然人打交道的营销，商业银行的服务营销策略就是按照每一个自然人来设计的。大力推广个性化服务，能帮助商业银行加快服务创新的脚步，提升商业银行的软实力。

3. 提高技能

服务是一门技术，它蕴藏着一些技巧。比如，一名商业银行客户经理对客户进行服务时，既需要引导，还需要聆听；既需要沟通，还需要赞美。个性化服务不是一种标准服务，它需要商业银行从业者充分调动自己的积极性和服务能力，熟练掌握并运用这些技巧。有一位企业家说："服务这门手艺，用得越多，才能够用得越好！"这句话揭示了一个道理：服务是包含"经验性"与"熟练性"的技术。我们在向客户提供不断变化的、个性化服务的同时，也在不断优化、强化服务中所使用的技巧、经验、知识。久而久之，我们就能够掌握服务的技巧，进而向客户提供更优质的个性化服务。

4. 培养忠诚

客户是善变的，是不忠诚的。既然客户是不忠诚的，商业银行就要想尽一切办法，把不忠诚的客户变成忠诚的客户。这又该怎么办呢？有一位管理专家给我们支了一招："培养客户忠诚度的最佳方式——服务。"服务确实有这样一种"魔力"，可以温暖客户的心灵，让客户的内心得到满足，甚至还能从中收获信任和友谊。某商业银行客户经理长期服务于一名行动不便的客户，除了定期上门之外，他还与该客户保持电话上和微信上的沟通。这名客户经理借助这种个性化服务，赢得了客户的信任，并与该客户建立了友谊。在这个过程中，普通的客户变成了忠诚的客户，普通的客情关系变成了忠诚的朋友关系。个性化服务帮助商业银行升级了“银行—客户”的关系，也就会为商业银行带来直接收益。

服务是一种营销，营销也是一种服务。或者说，我们可以将服务与营销捆绑在一起，形成一个服务营销或者营销服务的概念。既然服务能够满足客户的各种需求，也就能够推动营销的进程。很显然，个性化服务可以大力推进商业银行营销。就像一名商业银行的行长所言：加强个性化服务的推广力度，就能够带动商业银行的营销。

特色服务的定义与类型

有一个叫王小二的人，他开了一家餐馆。这家餐馆非常有意思，装修风格类似古代乡野客栈的风格，他的店也因此取名叫龙门客栈。龙门客栈的菜品，都是创新的“江湖菜品”，服务人员则身穿古人的装束服务顾客，非常有趣。

有几位顾客来到龙门客栈，王小二便在门口抱拳迎接，并击响铜锣表示欢迎。顾客见店老板抱拳迎接，便也学江湖中人抱拳致谢。一来一往中，顾客与老板便建立起一种“别具一格”的关系。顾客喜欢吃哪道菜品，就翻哪道菜品的牌子。龙门客栈将这种特色融入消费细节之中。王小二说：“顾客来我们这里消费，不仅能够吃到可口的饭菜，还能做一次江湖中人，感受一下江湖之气。”

龙门客栈取得了成功，营业几年间，几乎天天宾朋满座。这家餐馆的成功秘诀就是：特色。名字有特色，装修有特色，商品有特色，服务有特色。这种特色便成了龙门客栈的优势。

不同的服务有不同的技巧，特色服务的技巧，一定也是有特色的。比如某商业银行举办特色沙龙服务，邀请客户参加沙龙，就需要借助特色的服务技巧去服务客户，让客户感受到商业银行的这种与众不同。有人可能会疑惑：特色服务技巧是否难以掌握？事实上，服务的技巧大都是类似的，而特色服务的技巧更多体现在细节上。只要商业银行从业者能够重视细节，重视工作和生活中的点滴，从细微处入手，就能够掌握这种特色服务的技巧。参加商业银行的“特色服务技巧培训”，也是一条快速掌握该技巧的途径。

现实中，有许多商业组织借助特色取得了成功。特色，就是与众不同。特色服务，就是不同于其他商业组织的服务。通常来讲，特色服务具备非常明显的个性气质，这种个性能够决定一个商业组织的发展命运。如今，许多商业银行都在开展自己的特色服务，特色服务都有哪些类型呢？

1. 特色专业服务

商业银行是提供专业金融服务的商业机构，它的特色专业服务就是金融。许多商业银行虽然有自己的特色服务，但是这些服务特色有余、专业不足，就会给人一种突兀的感觉。特色服务，一定是建立在专业基础之上的服务，商业银行提供的特色服务，一定是专业的特色服务。某商业银行行长认为：如果商业银行提供不了专业的服务，就会逐渐失去客户的信任。客户选择某一家银行的条件，是其专业程度足够高。

2. 特色岗位服务

如今，许多企业组织都有自己的特色岗位，这一类岗位负责一些特殊服务的事宜。有一家医院，各科室的医生在诊疗患者的时候发现，许多患者存在不同程度的心理疾病。该医院的一位医生说：“肉体的疾病好治，心理的疾病难治。”为了解决这个问题，这家医院引进了“心理干预专员”，每一个科室配备一名心理医生。在心理医生的配合之下，许多病人能够更加积极地配合医院的治疗，并取得良好的临床治疗效果。虽然我国各大商业银行还缺乏这一类特色岗位的引入，但是不久的将来会有一群员工通过特色岗位进入商业银行的大家庭，为客户提供特色服务。

3. 特色窗口服务

许多商业银行都有自己的特色窗口，这个特色窗口针对特殊人群。比如北方某商业银行就开通了老年人绿色业务窗口，客户年龄满 65 岁，就可以直接在老年人绿色业务窗口办理相关业务，不需要拿号排队。该商业银行的行长认为：老年人的身体没有成年人硬朗，适应不了长时间的排号等待，想办法解决老年客户排队办理业务的问题，是银行的一种责任。除了老年人绿色业务窗口外，还有一些商业银行有军人绿色窗口和企业客户绿色窗口。特色窗口提供特色服务，不仅对客户群进行了细致划分，而且能够打破“一视同仁”的“非公平”的业务办理局面。某资深客户经理说：“有些人（老人、孕妇）确实需要适当照顾一下。”

4. 特色理念服务

众所周知，每一家商业银行都有自己的特色理念，特色理念的背后是特色管理、特色经营、特色产品。当一家商业银行宣传自己的特色理念时，特色理念服务也就产生了。如果只有特色理念而没有特色理念服务，这个理念就是一个“假大空”的理念。因此，商业银行必须要在特色理念的背后打造一套特色理念服务，以服务引领理念，才能吸引更多的客户上门。

特色服务一定要有特色，所谓特色，就是要有别于其他商业银行的服务，且服务应具备专业性、可执行性。只有这样，商业银行才能拥有自己的特色服务，继而擦亮自己的特色服务的招牌。

特色服务的作用

特色服务是有别于其他商业组织的服务，具有特殊的风格和类型。特色，一定是特别的，也一定是出类拔萃的。特色，既能够让客户感受到不同，还能够让客户从这种不同中感受并体验到商业组织的品牌作用。比如，许多人喜欢吃辣椒酱，一提到辣椒酱就能够瞬间联想到老干妈。可以说，老干妈是非常有特色的辣椒酱，拥有众多“粉丝”。在欧美，老干妈辣椒酱也是“火得发烫”、供不应求。特色的东西，就是能够让客户打高分的东西。一家餐馆想要经营得好，一定要有几道拿手的特色菜；一家商业银行想要立足于竞争市场，也要有自己的特色服务和特色文化。

特色服务，就是“你无我有”的服务。你没有我有，我就具备了独占市场的能力。商业银行开展特色服务是非常有意义的，商业银行开展特色服务的作用有以下几个。

1. 搭建品牌

品牌是一家商业银行的标志，这个标志越亮，商业银行的社会影响力也就越大。搭建品牌，就需要这样一点特色。国内有一家手机制造商，一直不温不火。由于市场竞争激烈，只能靠打价格战勉强维持生存。后来，这家手机制造商换了一个老板。新老板刚一上任，就提出：“我们要打造一款‘三防’手机，这款手机的最大特色就是‘三防’，而且是独一无二的‘三防’。”目标确定下来后，这家手机制造商便集中力量做研发。半年之后，一款市场上独一无二的“三防”手机上市了。这款手机刚一上市，就替公司打了一个翻身仗。特色产品或者特色服务，能够帮助商业银行重新搭建品牌，让品牌引领市场。

2. 改进技术

特色服务的一个作用是对其他的服务进行改进和提升。比如，某商业银行长期开展微笑服务，微笑服务也使该行取得了非常好的经营效果，赢得了许多老客户的心。随着时代发展，微笑服务的效果开始减弱，该银行便推出了“微笑 + 礼仪 + 个性化”的特色服务。该特色服务是对微笑服务的改进，属于微笑服务的 2.0 版本。它有别于传统的微笑服务，它的特色在于更加个性化、人性化。该银行通过升级微笑服务，开展“微笑 + 礼仪 + 个性化”的特色服务，继续保持原有的市场服务竞争力。由此可见，特色服务是对原有服务的改进和提升，也是对原有服务的继承和发扬。

3. 拓展市场

特色服务也是一门营销技术，它自身具备拓展市场的作用。比如，某商业银行开展特色走访活动，活动期间银行行长亲自带队进行走访服务工作。一个月内，该银行走访客户达数千人。通过特色走访活动，该商业银行不仅对市场有了更深入的了解，而且通过走访服务互动，与客户建立了双方互信的关系，继而起到了拓展市场的作用。许多人把服务当成服务，并没有把服务当成营销。事实上，营销客户的过程就是服务客户的过程。商业银行开展特色服务的目的，也是以服务促进营销。从某种角度讲，特色服务就是特色营销。商业银行借助特色营销的方式去开拓市场，是非常有实践价值的。

4. 提升形象

商家想要开展特色服务的活动，必然要在许多方面下功夫。有一家传统的三星级酒店，因为其设施陈旧、性价比较差，市场占有率一路下滑，甚至到了关门的边缘。为了解决难题，这家三星级酒店委托专业团队进行管理。这个团队接手后，便对酒店的服务理念进行了调整。团队管理者说："我们要打造一家有特色的酒店，以青春为主题，并且对酒店的设施进行升级。"目标确定之后，酒店投资650万元开始形象改造和升级。经过改造、升级后的酒店，变成了一家青春主题的商务酒店，住房价格也做了一番调整。经过重新包装，这家酒店焕发了"第二春"。如今，许多商业银行打造特色服务，通过服务提升银行的整体形象，取得了极好的效果。

5. 改善体验

良好的服务能够让客户得到良好的体验，而特色服务可以让客户的体验得到进一步改善。比如浙江某银行开展特色服务，通过特色服务强化厅堂管理、简化业务流程、提升服务质量、改善客户体验、传播特色文化，从而取得了非常好的经营效果。因此，商业银行完全可以借助特色服务去改善客户的体验，让客户主动参与到商业银行的发展建设中来。

当然，特色服务的作用远不止以上五个。服务作为商业银行的一项基础性工作，有非常大的深挖、改造潜力。如果商业银行能够推出属于自己的特色服务，就能够继续保持对客户的吸引力。

创新服务的定义与内容

如今，各大商业组织都在创新自己的服务，寄希望于打造服务创新文化类品牌。服务不单单只是一个口号，还是一种成功的商业基因。世界上知名的企业品牌，几乎都拥有优质的服务。社会离不开服务，人类更离不开服务。创新服务是一种借助新的方式、新的载体、新的要素来呈现的服务方式。

互联网时代，把商业银行搬到网上，是一条早晚都要走的路。微众银行算是我国第一家敢于吃螃蟹的“银行”，在国家相关的政策支持下，它得到了非常快速的发展。既然它是互联网银行，自然就有其独到、创新的地方。

首先，微众银行坚持无网点服务。有人怀疑：“没有网点，这家银行该如何提供服务啊?”微众银行的网点是虚拟网点，它与电商相似。只要能够上网，能够登录微信或微众银行的网站，就能办理相关银行业务。另外，微众银行推出的银行卡是“虚拟银行卡”，只要绑定银行卡号，就能享受到存款、取款、消费、充值等微众银行所提供的服务。

其次，微众银行坚持轻型化服务。众所周知，当下的商业银行几乎都是“重资本”的银行。不仅拥有庞大的中心运营机构，下面还设置了许许多多的营业网点，雇用了数以万计的员工，房屋租金、人员开支就是一笔非常庞大的费用。许多商业银行意识到这样的问题，希望通过改变经营策略和运行方式，为庞大的组织进行瘦身。瘦身后的机构也会带来轻型化的服务，这种服务更多表现为自助化服务和智能化服务的形式。

最后，微众银行坚持大数据服务。大数据是互联网时代的产物，任何互联网信息都以数据的形式存在。如果一家商业银行能够充分做好大数据分析，就能够向客户提供精准的推送服务。除了微众银行外，当今许多商业银行都在尝试做大数据分析的工作。

微众银行是互联网银行的开路先锋，也给许多商业银行带来了经营与服务上的启发。那么创新服务都有哪些内容呢?

1. 服务内容的创新

有一位商业银行的行长说：“商业银行唯有创新这条路可走，其他的路都是死路。”这句话讲得非常霸气，却又非常实在。传统的服务理念已经不符合时代的发展潮流。因此，就需要变。变则通，通则久。创新是一种变，这种变是全方位的变，是在内容与形式上变。互联网时代，商业银行对这种变又有了新要求，一方面要符合时代的发展潮流，内容和形式需要做到创新；另一方面要形成一种“持续升级”的体系，比如创新服务 1.0、创新服务 2.0、创新服务 3.0 等。

2. 服务手段的创新

服务是一种手段和技术。商业银行现有的服务手段，似乎永远是原有的那几样，许多人闭着眼睛都能说出来。如果服务手段得不到创新，就会令客户感到失望。有一位客户来商业银行办理业务，按照常规模式，就是先叫号，再排队。排队等候的过程中，客户通常只能坐在座位上看看手机，打发一下时间。在这个过程中，商业银行通常只是提供了免费 Wi－Fi（无线宽带）的上网服务。很显然，这种服务很容易被客户所习惯。久而久之，客户就会忽略这种服务。因此，商业银行需要通过服务手段的创新，丰富服务类型，让客户能够牢记商业银行提供的服务。

3. 服务领域的延伸

对于商业银行而言，做大、做强服务是关键。服务是商业银行的“命门”，扩大并延伸服务领域，对做大、做强服务是很有帮助的。事实上，创新就是一种扩大和延伸。有一家煤化工企业，过去只生产焦炭、煤焦油、粗苯等产品。后来，这家企业的法人代表提出了创新经营的战略，对原有的产业链进行了延伸，比如上线了煤焦油深加工、粗苯深加工等创新项目。通过创新，这家煤化工企业转型成功，甚至还成了一家综合性的现代化工企业。创新服务可以帮助商业银行进入一个全新的领域。

创新服务具有拓展、改进的特点。一位资深的商业银行管理专家认为：

创新服务具有一种力，这种力能够帮助商业银行脱胎换骨。新常态下，商业银行需要做出更多的尝试与转变，用一种“拥抱变革”的胸怀去接受创新，敢于创新，用创新打破传统的、旧的、落后的服务模式，给商业银行注入新活力。

创新服务的作用

新常态下，商业银行的经营方式需要创新，管理模式需要创新，相关的服务同样也需要创新。某著名经理人认为：企业的成败在于能否创新，尤其是当前新旧体制转换阶段，在企业特殊困难时期，更需要有这种精神。而管理大师彼得·德鲁克也对创新颇有心得：基于聪明的设想出现的创新数量极大，哪怕成功的百分比比较小，仍然可成为开辟新行业、提供新职业、给经济增添新的活动面的巨大源泉。由此可见，商业银行想要取得发展和进步，就必须要走创新这条路。

服务是商业银行的魂魄，而产品只是商业银行的肉身。只有做好服务工作的商业银行，才能取得营销与服务的开门红。创新服务，就是在原有服务的基础上进行改革、创新，以适应时代发展的潮流以及客户日益增长的需求。那么创新服务到底都有哪些作用呢？

1. 让服务更具特色

前面我们介绍了特色服务，特色服务是一种具有自身DNA（基因）属性的服务，这种服务是极具个性色彩的。创新服务，就是让服务变得更具特色。有一位学者说：“但凡世界上一模仿就会的东西，就是一个‘死东西’。”创新服务，让服务具备不可复制的特点，别人学不去，也就无法抢占你的资源。

如果 A 商业银行与 B 商业银行提供的服务都是一样的，客户是选择 A 还是选择 B 呢？恐怕他还要权衡一下。如果 A 商业银行提供的服务非常有特色，B 商业银行提供的服务只是常规意义上的服务，客户是选择 A 还是选择 B 呢？恐怕果断选择 A 的客户数量会比较多。

2. 让服务更具竞争力

以前，人们有这样一种观念：只要产品有竞争力，企业就有竞争力。这看上去并没有什么问题。但是这句话强调的产品并不是产品服务组合，而是纯粹意义上的产品，比如水果、面包、饼干等。但是有一个问题非常值得我们反思："某驰名商标品牌企业，产品质量过硬，为什么倒闭了呢？"这似乎并不符合常理啊。仔细分析一下，我们就能发现其中的问题。优秀的产品固然重要，但是好的产品没有好的服务去支持，恐怕也难以送到客户的手里。有一家企业，生产的小家电品质不错，性价比非常高。但是这家企业非常"低调"，甚至连代理维修点都没有设立。如果小家电坏了，只能邮寄到企业总部才能进行维修。可以说，这家企业的售后服务做得极差。正因如此，这家企业一直不温不火，规模也没有进一步扩大。创新，就是让服务得到加强，让产品支撑载体的功能得到完善和补充。创新服务是一种难以模仿的服务，商业银行不断地对服务进行创新升级，也就能够保持服务的持续竞争力。

3. 让服务技巧得到锻炼

商业银行在进行创新服务的过程中，也会对服务技巧进行创新。通过商业银行从业者的实践，创新后的服务技巧会得到锻炼。另外，许多商业银行非常重视与服务相关的培训工作。比如，南方某商业银行常年聘请专家团队，对银行的干部、职工进行创新服务方面的培训，通过培训让从业者掌握创新服务的技巧。服务的创新是一个持续的过程，人们参与这个过程，就会参与到创新服务实践的工作中去。经过实践，人们所掌握的服务技巧就会得到锻炼和加强。

4. 让服务的“感召力”得到加强

众所周知，服务是具有“感召力”的。某地区有两家商业银行，A 商业银行服务质量比较高，口碑比较好；B 商业银行服务质量相对较差，口碑也是如此。客户不是傻瓜，他们一定会被 A 商业银行的优质服务所吸引，并选择 A 商业银行。这就是一种服务的“感召力”，或者说是服务的吸引力。商业银行对服务进行创新，就能够让服务的“感召力”得到加强。比如，上述例子中的 B 商业银行进行服务“比赶超”的活动，通过创新提高综合服务能力。如果 B 商业银行的服务质量和服务水平能够赶上 A 商业银行，那么 B 商业银行就能够把之前失去的客户市场抢夺回来。换句话说，服务能带给客户一种天然刺激性。服务得到创新和加强后，这种天然刺激性也会得到加强。

鸿海精密公司的总裁郭台铭表示：富士康是在压力中被迫创新，在成长中勉强传承，在运气中连番跃升；在变动中勇于创新，在开创中积极传承，并在成就中持续跃升。对于商业银行而言，创新是一条永恒的通道。创新服务是一项基础性的工作，也是一项重要的工作。许多商业银行只重视硬件升级和互联网技术的应用，往往忽略了赖以生存的“本钱”，而服务才是商业银行赖以生存的“本钱”。

第三章

服务礼仪的定义

什么是服务礼仪

人们在日常生活中离不开礼仪。礼仪，是一种“礼貌仪式”。彬彬有礼的人总会给人留下好印象，这是为什么呢？彬彬有礼的“彬彬”，是文雅含蓄的，是低调谦虚的，是一种美；彬彬有礼的“有礼”，就是懂礼貌、礼数，通情达理，是一种胸怀和境界，也是一种美。两种美相加，就会带给他人一种良好的感觉。人人都欢迎谦谦君子或者彬彬有礼的人。事实上，服务也是一种礼仪。只有建立在礼仪之上的服务，才是真正的服务。

有一位银行经理人叫保罗，他文质彬彬的，戴着一副金丝边眼镜，给人一种天然的好感。当然，面相并不能说明什么，主要还是要看行动。保罗非常有礼貌，而且给人一种毫无脾气的感觉。有一日，他去拜访一位女性客户。这位客户是一个寡妇，她的丈夫刚过世不久，心情一直很差。平日里脸上挂着自然微笑的保罗却收起自己的笑容，用既贴切又恰到好处的语言问候这位女性客户：“您最近还好吗？之前我一直没敢打扰您，但是您有一笔银行理财金马上就要到期了，所以我不得不冒昧登门，还请您见谅！”

有礼貌的保罗肯定不会被拒之门外，他被女性客户邀请进来，然后进行了相关业务上的沟通。沟通期间，保罗非常注意自己说话的语气和语调。在称呼客户方面，尽可能地避免用“你”，而是用“您”。保罗这种充满着仪式感的服务，令女性客户非常感动。她对保罗说："非常感谢您能够于百忙之中抽时间来造访，这也免去了我上门的麻烦!"

事实上，保罗对"服务"二字的认识非常深刻，他认为：服务是发于内心的一种没有任何利益的东西。它只是让你做该做的事，对于不该做的事，道德也会帮你屏蔽。保罗是一个谦谦君子，他用自己的行动诠释了"谦谦"二字。

在这个小镇上，保罗是最受欢迎的人。另一家商业银行的行长也对保罗给予正面的评价，他说："说实话，如果他能够成为我们银行的员工，我会给他打100分。当然，就算他不是我们银行的员工，我也会给他打满分。保罗的确是一个不可多得的人才。"

保罗是万千银行从业者中的一员，却成为广大银行从业者的学习楷模。服务是发于心底的、自然流露的，礼仪是约定俗成的。服务与礼仪在某种情况下可以自由转换。郭沫若在《十批判书》中写道："礼之起，起于祀神，其后扩展而为人，更其后而为吉、凶、军、宾、嘉等多种仪制。"商业银行客户经理服务客户，同样体现了礼仪。某商业银行客户经理打算去拜访一位客户，在拜访客户之前，他整理着装，把面孔清理得非常干净。除此之外，他还准备了大量的、有价值的方案资料以及引导提问的问题。换句话说，这位商业银行客户经理在拜访客户之前，就已经做了大量的准备工作。礼仪，同样需要这样一个准备过程。从古至今，我国便非常重视礼仪，并有"五礼"之说。有了礼仪，人与人之间的交往才能变得文明。那么服务礼仪是什么呢?

1. 服务礼仪是一种日常的工作行为

服务礼仪并不是什么高大上的东西，而是存在于我们日常的生活工作之中。见了领导和同事打招呼，见了客户问好，这都是礼仪。某商业银行客户经理服务客户时，总会非常注意自己的语言、举止、表情，生怕自己会犯错。

这种对个人行为的注意，就是一种礼仪。礼仪，总是能够确保我们说客户爱听的话，做客户爱看的事。

2. 服务礼仪是一种为人处世的态度

重视自己的行为语言，想方设法给客户留下好印象，这是一种为人处世的正确态度。现实中，许多人是我行我素的，不在意对方的感受，即使向客户提供服务的时候，也会表现出 种疏离的态度。换句话说，就是服务的属性没有那么纯粹。如果我们向客户展示出一种更加健康、积极的形象，那么就会给客户留下好印象。

3. 服务礼仪是一种高尚素质的体现

有一位哲人说：“有道德涵养的人是能够礼让他人的人。”礼仪，是一种“让”；服务，也是一种“让”。谦让他人，礼让他人，给他人带去愉悦的心情，不就是服务的终极目标吗？服务礼仪是一种高尚素质的体现，只有学会了服务礼仪，才能真正懂得服务的内涵。

礼仪是一种行为规范，服务恰恰需要礼仪进行规范。经过礼仪规范的服务，才是商业银行真正需要的服务。

服务礼仪的本质

礼仪是人类文明的标志，没有礼仪的人类社会尚处于野蛮的状态。有了礼仪，人类开始走向文明。我们常常能够看到，商业银行里面有“文明服务”的标语。什么是“文明服务”呢？事实上，服务本身就是一种文明，而“文明服务”是对服务的文明本质进行了强化，将其上升到礼仪的高度。礼貌服务、微笑服务、站立服务等，都是一种礼仪。人的交往也是建立在礼仪之上的。小辈见了长辈会说："您好！"长辈觉得小辈有礼貌，就会做出回答。有了礼仪上的来往，沟通关系也就建立起来了。

古代，人们对礼仪的认识较现在是有区别的。古人对礼仪的解读是：礼是制度，仪是礼的具体表现。我们还可以这样理解，礼可以是礼貌行为的规章制度，也就等同于商业银行制定的关于礼貌服务的制度，这个制度具有约束性和强迫性；仪才是商业员工的具体服务表现。当下所说的礼仪是一种更加宽泛的礼仪，它更像是我们服务他人时对自己的一种文明的要求。通过这种认识，我们就能够找到服务礼仪的本质。服务礼仪的本质，即约束自己、尊重他人。

1. 约束自己

礼仪是一种约束，一种自我掌控。如果我们不能够做到自我约束，而任由自己的性子去"发挥"，就会在服务过程中伤害到对方。如果我们能够约束自己，就能够真正把服务落到实处。

有一位年轻人是保险公司的推销员。为了完成保险公司下达的任务，他必须在一个月内完成三笔订单。他来到一位老客户的家里，希望老客户能够"续费"。老客户得知年轻人的来意后，并没有将他拒之门外，而是选择与他沟通。年轻人非常感激老客户，并以个人身份向老客户赠送了一个礼物。在沟通过程中，年轻人始终毕恭毕敬，举手投足间显露出一种尊重。正因如此，老客户愿意接受他的服务。

老客户无意间透露自己已经购买了其他保险公司的产品时，这位年轻人却出人意料地冷静。他对老客户说："您有这样的保险意识，就是我们保险人愿意看到的。您购买哪一家公司的保险都可以，我相信您有这样的良好判断。"老客户觉得这位年轻人非常懂得克制，拥有一个职场人应该具备的职业素养。老客户并没有让年轻人空手而归，而是再次掏钱购买了一份理财保险，帮助年轻人完成了任务。

有人好奇地问："约束自己就是一种服务礼仪吗?"事实上，服务礼仪只有建立在约束自己的基础上，才能够发挥效力。试问，倘若一个人肆意妄为，他能够做好服务吗？懂得约束自己的人，才能够做到无私，而礼仪和服务都是无私的。

2. 尊重他人

人们常说："只有尊重他人，才是尊重自己。"他人，即我的倒影。英国哲学家洛克认为：一种天性的粗暴，使得一个人对别人没有礼貌，因而不知道尊重别人的倾向、气性或地位。这是一个村鄙野夫的真实标志，他毫不注意什么事情可以使得相处的人温和，使他尊敬别人，和别人合得来。尊重是一种美德，是人人都需要做的事情。"尊重"二字常常出自我们的口，却总是被人们遗忘。当我们向他人提供服务的时候，是不是已经把尊重摆在了前面呢？如果在不尊重他人的前提下进行服务，这种服务也就不是服务了。

有一位银行柜员，她有一个缺点，凡是她瞧不起的人，她都不会正眼看对方，即使是在服务客户的时候。

有一次，一位老年男性客户来银行办理业务。这位老年客户穿着非常朴素，给人一种淳朴、老实、憨厚的印象。而这位柜员，却瞧不起这位老年客户。在办理业务过程中，这位银行柜员非常不耐烦，说话的语速也比平时快了不少。老年客户听力不好，便问："你能不能说慢点？我听不清！"但是这位柜员始终表现出一副"爱答不理"的面孔，表面上向客户提供服务，实际上却想要把客户赶走。

老年客户觉得这位柜员有些无礼，便对柜员说："姑娘，你能不能说话慢一点？正眼看我一次也行啊！好歹我也是银行的客户吧！你这样的服务态度，似乎不好！”听到老年客户的批评声，这位银行柜员更加不耐烦了，匆匆办完业务之后，将存折扔了出来，并对老年客户说：“您的业务办完了，如果有其他问题，请您向我们的行长反映！”

现实中，这样戴着有色眼镜进行服务的商业银行从业者并不算少数。一个不尊重他人的人，又如何才能把服务的灵魂传达给客户呢？只有那些尊重他人的人，才能真正领悟服务的内涵，并形成一种礼仪的意识。

服务礼仪是一种礼仪，也是一种服务。如果我们能够正确认识并领悟服务礼仪的本质，就能够做好服务客户的工作。

服务礼仪的三要素

没有礼仪的人生是荒芜的。懂礼仪的人，就像被一个光环所笼罩，也会被他人欢迎。“礼”字为先者，总会得到“礼”的回应。尊重他人，服务他人，就会得到他人的尊重与服务。人是一种相互关照的动物，离群索居的生活能够摧毁一个人。如今，许多人都在讲“出世与入世”，这些高深的智慧看似与我们的生活息息相关，实则关系不大。礼仪不是形而上的，而是实实在在的东西。如果我们学会了服务礼仪，也就认识了服务的本质。

礼仪的“礼”有三层意思，即制度、礼节、礼物。“礼”是一种约束，也是一种制度。现实中，每一家商业银行都有自己的服务制度或礼仪制度，这个制度就是“礼”的第一层含义。“礼”的约束，就是克服自己的“恶”和“自私”，让自己的“善”与“无私”发扬光大。有了制度，有了约束行为的“武器”，我们会勒令自己、强迫自己远离“恶”与“自私”。“礼”是一种礼节，一种礼貌。许多公共场合都这样的一幅标语：“礼貌用语！”礼貌用语是一种文明的体现，礼貌体现了一种服务的精神。商业银行客户经理的礼貌能够换来客户的配合，礼貌就成了沟通桥梁的载体。“礼”还是一种礼物。礼物有两种，一种是有形的礼物，另一种是无形的礼物。有形的礼物种类繁多，商业银行都会准备这样的礼物，比如钥匙扣、水杯等；无形的礼物是一种精神礼物，比如对他人的赞美和认同。在服务客户的同时，赠予客户礼物，就会让客户感到开心。

礼仪的“仪”也有三层意思，即仪表、仪式、准则。仪表就是容貌和外表，它分为两个部分。把自己的脸洗干净，就是整理容貌；把自己身上的衣服整理板正了，就是整理外表。容貌与外表不可分割，是一个统一的整体。仪式代表一种“凡事都要准备”的姿态。现在有这样一句流行语：“人需要一点仪式感。”如果一个人拥有了仪式感，就能把所有的事情当成一件需要准备的事情去处理；拥有了仪式感，我们所付出的劳动才具有意义和价值。仪式让服务变得高大上，仪式让服务变得神圣。准则也是一种“仪”，比如劳动行为准则。“礼”是制度，“仪”是准则，连起来就是“制度与准则”。言外之意，礼仪就是道德框架与纪律框架，只有在这些框架里进行服务，才是真正的服务。

“礼”和“仪”都有三层意思，礼仪也就具有关键三要素，这三要素是：语言、行为、仪容仪表。

1. 语言

语言，是一门艺术。使用语言，同样也是一门学问。礼貌用语没有“流派”，只要是客观的、公正的、令人愉悦的语言，都可以是礼貌用语。商业银行客户经理在服务客户过程中常说这些短语：您好，您请坐，您有什么需要，有什么可以帮您……这些短语都是礼貌性语言。客户听到这些短语，自然会身心愉悦，并产生交流的情绪。如果客户经理在服务客户时，不采用这些短语，而是对客户说："这个产品怎么样，那个产品怎么样……"客户就会觉得：这个客户经理就是一个卖货的，根本不是做服务的。

2. 行为

礼仪通过行为体现出来。俗话说："站有站相，坐有坐相。"如果一个人坐姿不雅、站姿不雅，就会给人留下不好的印象。比如，某公司前台接待人员，跷着二郎腿、弓着身子，仿佛不把自己的岗位工作当回事。有访客来访，这位前台人员也是一副爱答不理的样子。如此拙劣的工作表现，实在配不上公司开给他的薪水。一位职场人，需要规范自己的行为，时刻注意自己说话的分寸，才能体现服务的价值。

3. 仪容仪表

一个人的仪容仪表，就是形象所在。如果把自己搞得乌七八糟，怎么还有脸见人？整理好自己的仪容仪表，不仅是对他人的尊重，更是对自己的一个交代。如今，商业银行都在打造形象工程，银行从业者的仪容仪表就代表着银行的形象。

现在，商业银行之间的竞争越来越激烈，做大做强服务是提高银行竞争力的最佳方式。重视银行从业者的服务礼仪意识的培养，加强服务礼仪文化的传播，才能全面提升商业银行的整体服务质量。

服务礼仪之仪容仪表

人们常说："一个人可以不漂亮，但是一定要干净整洁！"仪容仪表是什么？就是一个人的外观、外貌。仪容仪表非常重要，它能够对一个人的社交产生影响。比如，一个干净、整洁、穿着得体的人，总能够吸引他人的眼球；一个肮脏、邋遢、穿着不得体的人，却无法令他人靠近。以貌取人不对，但是人类社会是以仪容仪表取人的。如果一个人想要给对方留下良好的第一印象，就要认认真真收拾一下，提升自己的整体形象。

商业银行是一个服务场所，商业银行从业者要向客户提供有价值的服务，因此商业银行从业者的服务形象就显得非常重要了。通常来讲，每一家商业银行都有相关的仪容仪表的标准，这个标准通常是这样的。

1. 男员工的仪容仪表

男员工与女员工是有区别的，但是只有保持仪容仪表的干净、整洁、大方，才能够展现商业银行的服务形象。

发型：不留长发，不染发，保持头发干净整洁。还有一些商业银行要求男员工不留古怪的发型。

面部：经常刮胡须，保持健康、积极的形象。服务客户的时候，男员工要精神饱满，要始终保持微笑的状态。

着装：一般而言，商业银行要求统一着装，工装是商业银行集体定制的。夏季为统一的衬衣和西裤；冬季为统一的工装西服等。衬衣通常是单色衬衣，颜色为白色或者浅色，领口、袖口一定要保持干净，不能有污迹。衬衣要熨烫平整，不要留有过多的褶子。西服要保持板正的状态，力求笔挺，西服口袋里不放其他物品，给人一种简单整洁的形象。要按照“领带佩戴标准”佩戴领带，领带贴紧领口。选择鞋子时，要以皮鞋为主，皮鞋应光亮大方，没有异味。袜子以黑色、深色为主。

指甲：指甲要干净卫生，指甲盖里不能留有污垢。

工牌：如有要求，请按照商业银行的规定正确佩戴工牌。

男员工如果能够做好以上准备，就能够打扮出职业银行人的形象。这个形象，对开展服务工作非常重要。

2. 女员工的仪容仪表

女员工的职业形象似乎比男员工的职业形象更加重要。如今，商业银行的厅堂服务工作人员以女员工为主。

发型：发型要文雅、庄重，不得披肩散发。如果是长发，还需要将长发盘至脑后，并梳理整齐。

面部：女员工通常会使用化妆品，要化淡妆，不能化浓妆。值得注意的是，女员工如有补妆需求时，应选择回避客户。在工作的“空闲期”补妆。通常来讲，女员工必须配备“三色”，即眼影、腮红、口红。“三色”要浓淡相宜，相得益彰。修饰眉毛、唇线、两颊时，也要以淡雅为主，以能够体现女性的庄重之美为佳。

着装：女员工的冬装和夏装有一定的区别，冬天以商业银行定制的西装为主，夏天则以统一的裙装为主。其中，裙子要长短适宜，既不能太短，也不能太长。配穿丝袜，要求丝袜不得有洞，不得抽丝。鞋子要以光亮、整洁的皮鞋为主。此外，不得佩戴过于花哨的首饰。

指甲：一般而言，女员工有留指甲的习惯。在这里需要强调一下，商业银行是一个严肃而规范的经营场所，这就对指甲进行了规范：不要留过长的指甲，不要涂深色的指甲油。

工牌：佩戴工牌也应参照商业银行的规定，按照佩戴标准进行佩戴。

女员工是商业银行厅堂服务的主力军，从某种程度上讲，其形象更能体现商业银行的形象。

另外，还有一部分新入职的银行员工。在刚入职期间，商业银行统一配置的着装可能还没有到位。在这样的情况下，新员工选择购买服装，要尽可能地与商业银行定制的服装类似，以西装、皮鞋为主。如果女员工因怀孕而无法统一着装，可酌情放宽要求。

某商业银行的行长认为：仪容仪表要求三美，即自然之美、装饰之美、内在之美。什么是自然之美呢？就是保持自己的自然面貌，适当进行补妆，给客户留下一副真实的、自然的面孔。什么是装饰之美呢？施淡妆就是一种装饰，佩戴精致的首饰也是一种装饰，装饰之美就是通过简单的装饰达到提升个人形象的效果。什么是内在之美呢？这就需要商业银行从业者让自己保持一种“表里如一、秀外慧中”的气质与形象。说到底，就是让外在仪容与内在气质保持一致。

商业银行从业者的形象代表着商业银行的形象，重视自己的仪容仪表、外在形象等同于维护商业银行的形象。对于一名服务者而言，保持得体、大方、自然、庄重的仪容仪表，是多么的重要啊！

服务礼仪之形体仪态

仪容仪表很重要，形体仪态也非常重要。所谓形体仪态，特指一个人的举止和动作。得体的举止和优雅的动作不仅可以向客户传达情感，而且是对对方的一种尊敬。

国内某知名企业的王老板，不久前去了一趟日本。由于与日本某公司有合作关系，王老板的这次拜访是以客户的身份参与的。刚刚到日本，日本公司便安排人员前来接机。接机的公司员工态度和蔼，穿着笔挺的西服，见了王老板之后，第一时间便向他鞠躬问好：“初次见面，请多多关照！”

到了日本公司后，所有的日本员工简直就像“机器人”，着装一致，站姿标准，甚至连鞠躬的角度都是一样的。王老板感慨：“我没有看过如此整齐划一的、标准的形体仪态，这完全是军事化管理出来的结果!”

日本人尽到了地主之谊，作为客户的王老板非常高兴。他认为：这里的服务水平确实很高，也有值得学习的地方。就服务礼仪方面，他们就非常肯下功夫。回国之后，王老板也在自己的公司搞服务礼仪的军事化管理，希望借助管理推行服务礼仪，把自己的员工也变成站如松、坐如钟、走如风的职业人。

通常来讲，一个人的形体仪态包括三部分，即体态、神态、举止动作。

1. 体态

体态特指一个人的站姿、坐姿、行姿等。如果我们能够规范自己的体态，就能树立起自己的基础形象。

站姿，就是一个人站立的姿势，标准站姿有以下标准：第一，颈部挺直，下颌与地面垂直，眼睛要平视前方，不低头，不昂头。第二，收腹挺胸，双肩自然放松，手臂自然垂直。第三，对于商业银行从业者而言，男员工要右手轻握左手腕部，双手自然垂到小腹前；女员工要双手轻轻叠放在一起，并自然垂到小腹之前。第四，双脚并拢呈“V”字夹角，以60度夹角为佳；如果是男员工，也可以双腿适当分开；如果是女员工，可以呈“丁”字站姿。需要提醒的是，许多人都有“背着手”的习惯，或者将手插入口袋的习惯，这两种习惯都是标准礼仪之外的非礼仪姿势，商业银行从业者应该尽量克服。

坐姿，就是一个人坐在座位上的姿势。对于男员工而言，入座时要沉稳，至少要坐满座位的70%，双腿自然分开，双手自然放在双腿之上，身子挺直或者适当前倾，以表示对对方的一种尊重。对于女员工而言，入座时要轻盈、大方，双腿并拢，或者双腿略微倾向一侧，双手自然叠放并置于腿上，身子略微前倾，以表示对对方的一种尊重。

行姿，就是一个人行走的姿势。行姿有以下标准：第一，走路要有明确的方向，不可“徘徊”。第二，目视前方，抬头挺胸收腹，步态自然。第三，双臂自然垂下并略微弯曲，走动时自然摆动手臂，并呈前后30度夹角。第四，女员工行走时的前后脚距离约为一脚，男员工行走时的前后脚距离约为一脚半。

2. 神态

神态，特指一个人的面部表情、神色姿态。我们也可以把神态看成一种表情礼仪。著名作家罗曼·罗兰认为：面部表情是多少世纪培养成功的语言，是比嘴里讲的更复杂千百倍的语言。对于商业银行从业者而言，神态要呈现出四个特点：第一，给人以恭敬的、低调的印象，并在神态上流露出来。第二，服务对象时，要保持微笑，要做到“笑迎八方来客”。第三，要根据服务的环境、服务的气氛以及客户的感情变化而变化。第四，给人以真诚之感，要表里如一、秀外慧中。如果商业银行从业者能够做到以上四点，就能够达到这一表情礼仪的标准。

3. 举止动作

举止动作，常常指一个人的肢体语言，比如手势等。一个人举止优雅，可以给对方带来良好的印象。英国哲学家培根认为：礼节要自然才显得高贵，假如表现过于做作，那就失去了应有的价值，因为举止言谈优美本身就包括自然和纯真。而教育家苏霍姆林斯基也有同样的观点：一个人在举止和服饰方面的朴实无华、自然大方，在作风上虚怀若谷、严以律己，总是令人喜爱的。由此可见，商业银行从业者要规范自己的举止动作，让自己的举手投足、一颦一笑成为一种礼仪。

一个人的形体仪态非常重要，我们需要借助一定的方式方法规范形体仪态。如今，许多商业银行聘请外部专家团队为其进行形体仪态的课程培训，商业银行员工报名参加相关的培训是一条获取形体仪态规范课程的高效渠道。

服务礼仪之接待礼仪

服务礼仪中，微笑礼仪的重要形式是向客户呈现微笑服务的内涵，让客户感受到微笑的力量；肢体礼仪是人们通过恰到好处的肢体展示向客户传达一种健康的、正面的、富有感染力的精神。服务礼仪是一个“大”的概念，它有许多分类。因为涉及的方面太多，本节只说服务礼仪中的接待礼仪。

商业银行每天要接待大量客户，有男客户、女客户，青年客户、老年客户，VIP（贵宾）大客户、普通客户等，接待不同的客户，需要选择不同的方法。当然，礼仪是一整套“物理属性”与“化学属性”稳定的技能，它可以给我们提供一个参考标准。这个参考标准虽然是不变的，但是我们可以根据实际情况进行适当修正。活学活用的目的是学以致用。接待礼仪的作用就是规范人们接待服务的行为，给客户进门留下良好的第一印象。那么我们如何才能掌握接待礼仪呢？接待礼仪的重点如下。

1. 鞠躬

鞠躬是接待工作中最常用的一套动作，向客户鞠躬，就是给客户以尊重，有邀请之意，也能够体现出服务精神。鞠躬有哪些要领呢？首先，鞠躬之前要以标准站姿示人，给人一种良好的印象。其次，标准鞠躬动作要以腰部为轴心，身体前倾30度为佳，目光向下。在鞠躬过程中，还要配合问候语，比如“欢迎光临”等，语言和肢体动作共同配合。最后，鞠躬结束后，要恢复标准站姿，恢复自己标准的服务形象。需要注意的是，点头不是鞠躬，驼背不是鞠躬，双腿没有并拢的鞠躬同样也不是鞠躬。

2. 指引

商业银行从业者在大堂迎接客户的时候，还要承担客户引流、分流的责任，借助指引手势引导客户办理业务是非常重要的一项工作。那么指引手势又有何特点呢？首先，指引手势一定要有方向性，决不能乱指。通常要求服务人员手臂伸直，五指并拢，掌心向上，并给出一个明确的方向。其次，在给出方向指示后，服务人员还要通过温馨舒展的表情向客户传达服务的态度，为客户带来一种信任感。最后，指引手势也应该适当配合语言，比如某商业银行大堂经理对客户进行手势指引时，说："先生，请往那边走！"只有这样，客户才能确定你的指引方向是准确无误的。

3. 递送

银行服务中，递送服务也是必不可少的。客户上门办理业务，客户经理向客户提供资料，并双手递送。客户从客户经理的手里接过资料，才能进行下一步工作。递送服务同样也是接待礼仪中的重要组成部分，需要商业银行从业者学习并掌握其规范。通常来讲，递送服务应做到以下几个方面：第一，向客户递送材料或者物品时要双手递送，并轻拿轻放；第二，向客户递送物品的时候身体要略微前倾，给客户一种谦虚、低调的印象；第三，向客户递送物品的时候，应时刻盯着客户的双手，而不是盯着客户的眼睛；第四，向客户递送资料时，双手握着资料后端的1/3，并将前端的2/3留给客户，让客户易于握住资料。递送物品的礼仪同样是服务标准礼仪，学习并掌握它，才能够让自己养成良好的服务习惯。

4. 握手

接待客户时，握手也是避免不了的一项肢体交流活动。客户经理与客户握手，就有接待、招待、服务之意，并瞬间达成合作或谈判的意向。握手同样也是有技巧的，其技巧也有三个：第一，握手的时间应该控制在3~5秒，不宜太短，也不宜太长；第二，握手的力量不应过大，也不应过小；第三，握手的时候，眼睛要看着对方，并以微笑示人。现实中，许多人只知道握手是一种礼仪，却不知道握手礼仪中所包含的技能学问。如果我们掌握了握手礼仪，就能够做好握手接待的工作。

另外，商业银行从业者在接待客户的时候，要使用标准语言。如今，许多地方推广普通话服务，商业银行从业者也要掌握普通话，力求发音标准，给客户留下良好的服务印象。某商业银行的行长认为：服务礼仪并不是一种技能，而是一种意识和习惯。如果银行员工能够养成礼仪的意识，就能把服务的思想和灵魂传达给客户。客户知道你的良苦用心，才会拿出诚意跟你合作。中国古人也有一句话："人无礼则不生，事无礼则不成，国无礼则不宁。"由此可见，掌握服务礼仪的技能十分重要。

第四章

服务礼仪的动作表情

服务礼仪之微笑

微笑是一朵花，是世界上最美丽的东西。人们看到微笑，便会产生一种发自内心的喜悦。微笑是一种智慧，脸上挂着微笑面对挫折的人是聪明的人。微笑是一首诗，它有一种韵律在里面，它可以让人们感受到幸福。微笑还是一种力量，微笑能够改变一个人对自己的看法。国内知名管理专家邹金宏认为：微笑服务是指服务员以真诚的笑容向客人提供服务；同时也反映出一个服务员的美好心灵和高尚情操。

有一个人叫李三，他有一个外号，叫长脸。为什么叫长脸呢？李三的一位邻居给出了答案："这个人不苟言笑，总是拉着长脸，好像别人欠他钱一样。"有一年，李三失业了。李三的妻子对李三说："李三啊，你赶紧去找份工作吧。天天看到你这张长脸，我就受不了！"受不了妻子的牢骚，李三找了一份工作，在酒店门口当迎宾。

众所周知，迎宾需要微笑服务。如果客人来酒店吃饭，在进门的时候，迎宾需要做两件事。第一件事，笑脸相迎。第二件事，给客人开门。事实上，这真是一份简单到极致的工作，没有太多的技术含量，但是对于李三来讲，这非常麻烦。李三不苟言笑，甚至从来都不笑。有一次，一位客人来酒店就餐，进门时看到李三那副长脸便笑了："这个人真逗，简直是皮笑肉不笑；这家酒店也够逗的，怎么找了这么一个人当迎宾？"

这句话被李三听到了，李三非常生气，对客人说："我不会笑又怎么了？难道你非要让我笑给你看吗？"

李三把客人惹恼了，客人找酒店的经理投诉："你们酒店都提供了些什么服务呀，迎宾不都是微笑服务的吗？这家酒店我以后是不会来了，太令人失望了！"

酒店经理找李三谈话："李三啊，你怎么不笑啊？所有的迎宾都会微笑，就你不会！"李三说："我的差事就是给客人开门、关门，凭什么还要微笑？"酒店经理语重心长地对李三说："微笑服务才是迎宾的主要工作呀！如果只是让你开门、关门，酒店还不如直接换成自动门。客人看到你的微笑，才愿意进酒店吃饭。如果看你哭丧着脸，谁还敢进门呢？"

故事中的李三是一个不苟言笑的人，但是这个不苟言笑是具有讽刺意味的。事实上，微笑本身就有一种价值。有一位商业银行的行长被誉为"微笑行长"，这位"微笑行长"在银行工作三十年，凭借自己的招牌式微笑，留住了许多老客户。这位"微笑行长"说："微笑是不会赔本的买卖，你对客户微笑，给客户留下了好印象，客户才会买你的账，才会坐下来跟你谈合作。"微笑价值百万，是一种财富。

在一个航班上，有一位男士向空姐要水。空姐微笑着说："先生，现在飞机还未进入平稳飞行状态，十五分钟后我给您倒水！"十五分钟过去了，这位空姐大概是忘了这件事。半个小时之后，这位空姐才想起来。她端着一杯水微笑着对男士说："先生，真对不起！刚才比较忙，我一下子竟然忘了您这件事！请您见谅！"很显然，这位男士还在生气，他拒绝了空姐的道歉。又过了四十分钟，空姐再次走过来向男士微笑致歉，并给他倒了一杯果汁："先生，请您饮用。我依然为我刚才的行为向您道歉，希望您能够原谅。"此时，这位男士已经不怎么生气了，并对空姐说："好吧好吧，这件事就这么过去了！"两个小时之后，飞机即将在终点降落。空姐再次向男士致歉："先生，希望没有因为我的疏忽而造成您旅途上的不顺心，我再次向您道歉！"此时，这位男士早已经不生气了，他也露出了微笑，对空姐说："你向我道了三次歉，我已经看到你的诚意了！"

三次歉意的微笑，彻底打动了乘客。微笑，的的确确具有一种力量。作为一种礼仪，微笑就有相应的要求。如何才能把微笑做到位呢？通常来说，有三个要求。第一个要求，微笑要真诚自然。微笑是发自肺腑的，是自然流露的。微笑是一种服务，并跟随服务意识一并产生。如果一个人拥有了服务意识，自然就会流露出一种微笑，一种真诚。第二个要求，微笑不能露齿。微笑是一种美，露齿的笑就失去了美。因此，微笑是一种不发声的笑，是嘴角的微微上翘，是一种肌肉放松的笑。第三个要求，微笑是亲切的，甜美的，由衷的。

微笑是一种礼仪，微笑服务是一种极贴心、极自然的服务。有一位哲人说："笑是两个人之间最短的距离。"由此可见，微笑具备一种拉近银行与客户之间的距离的作用。

服务礼仪之眼神

人们常说："眉目传情。"两双眼睛之间的交流，有时候胜过口头语言的交流。眼睛是心灵的窗户，眼睛能够替一个人说出自己内心深处的话语。眼睛是骗不了人的，语言反倒可以骗人。有位哲人说："眼睛是心灵的窗户，人的才智和意志可由它看出来。"眼睛不仅仅只是一个器官，它是另一张"嘴"。眼神表达，就是一种语言表达。这种语言虽然是没有声音的，但是拥有比声音更强大的功能。

有一位叫苏珊娜的护士，她非常善良、和蔼。她在一家医院工作了三十年，还有一个月就要退休了。得知苏珊娜将要退休的消息，有一群人似乎秘密安排着什么。

有一位叫黑金的人说："是时候了！我们要给她准备一场欢送仪式，希望她能够退休之后享受安逸、幸福的生活。"

另一个叫杜拉塔的人说："仅仅只有几束鲜花是不够的！她对我们的帮助，恐怕还需要我们多准备点什么去回报她。"

一个月后，一场盛大的欢送会召开了。苏珊娜被一群人包围着，四周都是鲜花和礼物。一位十岁的小男生为她朗诵《眼神》："亲爱的苏珊娜，当我看到你，我便知道圣母的到来以及死神的远去。一股暖流缓缓流入我的身体，让我这个即将冷却的人重新得到了温热的生命。是你的眼神唤醒了我，我永远无法忘记你的眼睛。"

为苏珊娜举办欢送仪式的人，都是曾经得到过苏珊娜帮助的患者，他们半数是"死里逃生"的人，对生命有着非同寻常的认识。他们永远忘不了苏珊娜的眼神，那种眼神给他们带来了温暖和希望。在他们看来，苏珊娜不是一名普通的护士，而是一名伟大的天使。

有人说："眼神可以改变世界。"给人一个善意的眼神，便是天堂；给人一个恶意的眼神，便是地狱。眼神极具杀伤力和感染力。爱默生认为：有的人的眼睛像橘子一样毫无表情，有的人的眼睛像一口可以使你掉进去的井。如果一名商业银行从业者能够在服务客户的过程中，善用眼神表达情感，将会得到很好的回报。

眼神的合理使用是一种礼仪，也是一种服务。通常情况下，直视表示尊重和重视，斜视表示无礼和不尊重，凝视表示尊敬和恭敬，环顾表示心虚或者不确定，无视表示不感兴趣等。每一个眼神都可以告诉我们答案，给客户一个眼神，就等于告诉了客户答案。在服务客户的过程中，我们需要眼神的辅助。那么我们应该如何准确使用眼神呢？

1. 眼神要坦诚、自然

眼神是自然流露的，是骗不了人的。如果我们嘴巴上说好，而眼睛却说坏，这便是一种表里不一的表现。大多数客户会对表里不一的服务心怀抵触。因此，我们要养成一种服务的意识，在这种意识的作用下，我们的眼神中便会流露出真诚、亲切。因此，在注视他人时，要避免两种眼神。第一种眼神是飘忽不定的眼神，顾左右而言他，表现出一种游移不定、心神不安的状态。如果这样一个人为你管理家庭财产，你会安心吗？第二种眼神是咄咄逼人的眼神，似乎给人一副很厉害的样子，仿佛离开他地球就要停转一样。在客户面前，我们应该谦虚一点、低调一点、看对方的眼神要柔和一点。

2. 眼神使用的时间很重要

通常来讲，在一次谈话中，眼神的注视时间占到了谈话时间的1/3～2/3。如果注视时间少于1/3，则表明一个人并不重视对方以及对方的谈话，或者是对谈话没有信心。如果注视时间超过2/3，则表明一个人的关注点不在谈话上，而完全在于对方这个人，这种行为也是一种不礼貌的行为。有一位资深管理学家认为：谈话沟通过程中，眼神注视占到1/2的时间为最佳。也就是说，一半时间用嘴巴进行交流，一半时间用眼神进行确认。所以说，在一次谈话中，我们与客户的眼神交流时间既不可太短，也不可太长。

3. 眼神注视对方的部位是有学问的

现实中，大多数人看待对方，喜欢用一种平视的眼神。通常情况下，平视的眼神代表着双方身份的平等、交流的平等。如果是两个身份、地位平等的人，需要采取平视的眼神。如果身份或者角色不平等，就需要适当改变一下。比如客户经理服务客户时，两个人的关系是“服务—被服务”的关系，或者是“仆人—上帝”的关系，因此要采取一种平视或视线略微向上的眼神，以表示对对方的肯定、赞同、认可和尊重。

“眼睛说话的雄辩和真实，胜过于言语。”因此，商业银行从业者要善于运用眼神，通过眼神向客户传达尊重、亲切、热情和真诚。客户从你的眼神中感受到了诚意，才会坐下来与你进行有实质意义的交流。

服务礼仪之手势

人讲话、沟通离不开手势，手势能够配合人的口头表达和表情表达，让一个人的语言表达更加丰富、自然、贴切、立体。有一位银行客户经理向客户讲产品，在讲产品的过程中配合着一些手势动作，比如“确定”“指引”等，令介绍更具立体感和感染力。客户听完银行客户经理的介绍后，点头表示认可。如果这位客户经理只是“干巴巴”地讲，任何动作、表情都没有，恐怕这样的讲解就会变成一个人的自说自话。讲解没有感染力，就会让客户昏昏欲睡，因此也就达不到营销服务的效果了。

一方面，我们要知道使用手势有什么好处。

许多人只知道“手势”这个词，却不知道手势的意义。手势是一种表达，通常伴随语言而随性律动。手势也是一种语言，但是手势与手语还是有一定的区别。通常来讲，手势的好处有四项。

手势可以重塑服务形象。银行客户经理最头疼的一件事，就是自己在客户心目中的形象问题。有些客户经理抱怨：“似乎我怎么做都做不好！”如果说话语言无法达成所愿，我们就需要借助手势了。手势的最大作用，就是丰富一个人的表达方法，提升一个人的整体服务形象。

手势可以强化表达的情绪。单纯的说话语言表达，虽然可以通过声调、语速的变化来渲染表达的情绪，但是这种渲染的力度依旧不够。如果我们能够借助手势进行渲染，整个人的表达情绪就会得到强化。

手势可以传达说话语言无法传达的情绪。现实中，人们总能发现一个问题，当遇到一个难以用说话语言进行表达的难题时，人们就会很痛苦，很尴尬。客户不知道你想表达的是什么，客户经理也不知道自己如何表达才能让客户明白。手势这种语言，就可以帮助客户经理传达说话语言无法表达或无法传达的那些情绪。

手势可以突出一个人的个性特点。如今，许多商业银行提供个性化的服务手段，也就需要商业银行的广大从业者拥有一定的个性，突出个人个性的服务才能具有说服力。手势能够增强一个人的讲话魅力，因此也就可以突出一个人的个性。

另一方面，我们还要知道使用手势的原则。

手势是一种语言，表达这种语言时，需要掌握科学使用手势的原则。通常来讲，使用手势的原则有以下五项。

简单直接的原则。手势表达要以配合说话语言为主，一定要简单、直接。如果我们把手势表达变成诗一般复杂的语言，客户就很难看懂了。手势是让人看懂的，而不是让人猜想的。

动作幅度适中的原则。手势语言与说话语言有相似之处，动作既不能太小，也不能太过夸张，应以适中为前提。如果手势动作幅度太小，就会给人一种“词不达意”的感觉；如果手势动作幅度太大，简直就像一个人在表演，就会给人一种夸张、无实质内容的坏印象。

自然得体的原则。手势是自然流露的表达，随说话语言一起出现，完全不需要刻意为之。如今有一些人为了让自己的表达更饱满而刻意学表演，效果反倒不好。

协调一致的原则。手势的表达与讲话的表达要协调一致。说到底，手势是为了配合讲话的，有主次之分。切莫让手势表达抢到讲话表达的前面，也不要让讲话表达的“阵势”将手势表达的“阵势”强压下去，应以自然协调一致为佳。

个性突出的原则。世界上没有相同的人，每一个人都是独特的个体。因此，手势是没有统一标准的。手势因不同的人而呈现出不同的表达效果，它能够体现每一个人的不同，而不是体现每一个人的相同。

如果商业银行从业者能够掌握以上五项原则，就能够掌握使用手势的精髓。

手势已经成为一种普遍性语言，通过手势可以传达一个人的想法。比如，OK（好）的手势表示赞同、认可，伸出大拇指则表示认同、赞赏、表扬，掌心向外的“V”字手势表示成功、胜利，打响指在某种场合也有赞赏之意。手势表达非常丰富，就像文字语言一样。对于商业银行从业者而言，适当掌握一些常用的手势的使用方法就可以了，并不需要专门去学习手语。另外，手势的表达是下意识的，似乎是不受个人控制的。但是如果我们养成了服务意识和形象意识，手势的表达就会自然贴切，并符合我们的标准。

第五章

服务礼仪的语言技巧

服务礼仪之五声服务

在服务界，有五先、五心、五声之说。所谓五先，是女士优先，客户优先，领导优先，长辈优先，儿童优先。五先是非常好理解的，它能够体现尊老爱幼等传统的中华美德。优先并非不平等，而是一种平等。服务体现五先，才能让传统的美德发扬光大，而这也是服务的价值所在。所谓五心，是指对客户要耐心、贴心、细心、关心、热心。也有一些商业银行定期开展“五心服务活动月”，让客户感受到商业银行的心思。我们提出五心，恰恰因为有些商业银行存在服务不耐心、服务不贴心、服务不细心、不关心客户、服务不热心等问题。提出来的目的，就是对这些问题加以改正。除了五先和五心之外，五声是一种非常重要的服务礼仪，尤其在接待、欢送客户时，五声能够体现商业银行从业者的职业素养和服务精神。

什么是五声呢？简言之，五声就是进门有欢迎声，询问有回答声，帮忙有致谢声，出错有致歉声，离开有送别声。

1. 进门有欢迎声

不管是商业银行还是其他服务业，客户进门就需要有欢迎的声音。为什么呢？客户是商业银行的衣食父母，客户来商业银行办理业务，其实是“财神送钱”！换句话说，如果没有客户，商业银行将会“饿肚子”。既然如此，我们哪里还有不欢迎客户上门的道理呢？有一位顾客来某饭店就餐，这家饭店非常有趣，只要是顾客进门，便鸣锣一声表示欢迎。这位顾客刚一进门，锣声便响起了。老板亲自敲锣，亲自致欢迎词："欢迎这位客官来我饭店就餐！"一句简单的欢迎词，让这位刚刚进门的顾客顿生好感。席间，这位顾客说："这家饭店的老板真会做生意，简直把服务做到家了！"得到顾客的称赞，这家饭店的口碑和人气简直一流。进门有欢迎声，就是给客户一种"礼"，商业银行先"礼"客户，客户才后"礼"商业银行。

2. 询问有回答声

客户来商业银行办理业务，必然是带着问题来寻求答案的。如果客户问："哪一款产品适合我啊？"你就应该大大方方、热情地告诉客户："我向您推荐一款。"有问有答，这是人与人之间的基本尊重。如果有问无答，就会带来很多麻烦。客户存在疑问，想要寻求答案。此时，客户经理却根本没有重视客户的问题，也没有给予正面回答。这位客户着急了，就会直奔另一家商业银行。有问无答的结果是把客户气跑了。当下社会，客户是"稀缺资源"，有问有答是必须要做到的事情。有问有答，才能够留住客户。

3. 帮忙有致谢声

如果一位朋友帮了你，你该怎么做？是不是应该说一声谢谢呢？其实，这都是一些老生常谈的话题，也是做人应该具备的基础素质。在商业银行里，客户购买银行的服务或者产品，就是对商业银行的一种支持。所以，应该常怀感恩之心，对客户的帮助与支持致谢。客户听到商业银行的致谢声，也会产生一种安慰之情。比如，有一位客户听到致谢声后表达自己的心情："不用这么客气，毕竟我也有理财方面的需求，就算不来这家银行，也会去其他银行的！"客户的认可，才是商业银行得以发展的动力。

4. 出错有致歉声

一个人在服务客户的过程中，难免会犯错。错误有大有小，但是对于服务者而言，只要是错误就需要向客户道歉并说明。然而有些人认为：如果客户没有察觉到，自己也就没有必要道歉。这样的想法是不对的，犯错道歉是一种职业人的职业习惯，是绝无商量条件的。犯了错，就需要说明。犯了错，就应该大胆承认。客户知道你是一个“犯错敢于道歉”的人，也就会判断出你是一个实实在在的、具备职业精神和道德修养的人。

5. 离开有送别声

进门欢迎，离开送别，这早就是不成文的规定了。如今有一种不好的现象：进门欢迎，离开不送别。怎么理解这句话呢？进门是客，出门不是客。这说明了当下存在的一种“功利主义”的现象，太过功利的服务不是服务，而是一种赤裸裸的交易。商业银行从业者应该去掉这种“功利主义”的服务，进门是客，出门也是客。进门有欢迎声，出门也要有送别声。

五声服务是一种礼仪，也是一种交际的基本原则。五声服务是基础性的服务，它并不难掌握。只要商业银行从业者拥有一颗服务客户的心，就能够顺利做好五声服务。

服务礼仪之倾听技巧

服务的类型有很多种，语音服务只是其中的一项而已。还有一种服务不得不提——倾听。俗话说：“人有一张嘴巴和两只耳朵，就是让我们多听话少说话。”倾听，有时候胜于说话。“倾听的耳朵是虔诚的，倾听的心灵是敏感的。有了倾听的耳朵和愿意倾听的心，你才会拥有忠实的朋友。”因此，商业银行从业者向客户提供倾听服务是非常重要的。

有一位客户，苦于有家庭矛盾而无法诉说，便对一位客户经理发起了牢骚：“有些话真不知道对谁说，但是这些话非要说出来才行。你顺便帮我分析一下吧，给我提供一个建议。”

这位客户经理非常耐心地充当客户的听众，不管客户的牢骚、抱怨多么难听，他都从头到尾耐心听完，恰当而准确地给出客户建议，并对客户说：“您一定要保重身体，生气和牢骚可能并不会解决问题。如果您需要银行方面的帮助和服务，我一定会服务到底。”

听了客户经理的话，这位客户非常欣慰，心情也好了不少。他对客户经理说：“没想到你真是一个热心人，牢骚话都能听得进去。把这些压心底的话讲了出来，我确实舒服多了。”

客户经理的聆听换来了客户的信任。后来，这位客户与客户经理成了好朋友，凡是银行方面的业务，他全权委托给这位客户经理代为办理。就像一位企业家所说：彼此之间的信任才是世界上最伟大的，信任是合作的基础，信任是结合成为朋友的关键因素，信任才能够创造奇迹。

既然倾听如此重要，甚至关乎服务的质量、商业银行的命运，那么应该如何做好倾听服务呢？笔者认为，应该掌握一定的倾听技巧。

1. 倾听需要少说话

倾听就是以听为主，以说为辅。许多人似乎是急性子，对方还没有表达完，便急于替客户说话。倾听，是一种与说话不兼容的行为。听的时候就认真听，该说话的时候再说话。一位管理学者认为：倾听者需要集中精力、全力以赴，才能把对方说的听明白。

2. 倾听需要换位思考

倾听对方的目的在于提供有价值的服务，从而帮助对方解决问题。如果倾听者太过主观，总是按照自己的思想套路和价值观去判断，就会造成沟通上的误会。比如，有一位客户经理听了客户的一番话后便不耐烦起来，甚至反问客户："难道你说的这些事情是客观、属实的吗?"没有换位思考的倾听只能是无效倾听，没有换位思考也就不可能解决客户的疑惑和问题。

3. 倾听需要解决问题

现实中，我们有些朋友非常重视倾听者这个角色，似乎也在刻意用心去诠释它，并希望以此博得客户的好感，在客户面前树立完美的形象。事实上，树立倾听形象并不是最重要的，最重要的是如何解决问题。客户经理之所以倾听，是因为要给客户提供解决问题的办法。如果我们只重视个人形象而忽略了倾听的核心目标，就会令倾听的效果大打折扣。

4. 倾听要面对客户

所谓"面对"，就是将自己的视线落到客户的身上。前面提过眼神在服务礼仪中的作用。倾听者需要将视线聚焦在客户身上，让客户感受到你对倾听对方心声的重视程度。如果我们的视线始终处于"游移不定"的状态，就会让客户失去讲话的耐心。面对客户，是一种正确的倾听姿态。客户感受到了这种姿态，才会继续讲述。

5. 倾听时不要插话

现实中，急性子或者急脾气的客户经理非常多，当然这类人大多属于心直口快的类型，看到客户讲不出来，便插上一句："哎呀，这话还是我替您说吧！是不是这个样子？”事实上，插话是非常不礼貌的，插话会影响到客户讲话的心情。如果客户没有心情继续讲下去了，沟通也就结束了。沟通的结束，意味着双方辛辛苦苦建立起来的服务关系也要结束。

6. 倾听要放下偏见

偏见是与生俱来的，似乎人人都不可能彻彻底底地放下偏见。这该怎么办呢？是不是就绕不开这个问题了呢？事实上，如果我们能够保持头脑冷静，让自己的情绪和思考处于理智的控制范围，就会尽可能地做出客观的解读。因此，我们需要做到一件事——三思而后行。听完客户讲话之后，再三思考、解析、确定，再给出自己的答案。通常情况下，三思之后的答案是较为客观的。

有位哲人认为：学会倾听是你人生的必修课；学会倾听你才能去伪存真；学会倾听你能给人留下虚怀若谷的印象；学会倾听，有益的知识将盛满你的智慧储藏室。倾听的价值在于，它能够将服务的质量提高一个等级，并且将其上升到服务礼仪的高度。倾听是工具，学会了倾听，也就学会了一项服务客户的本领。

服务礼仪之规范用语

服务有无标准呢？如果从定义上讲，服务似乎是没有标准的。服务是发自内心的，是以他人为中心的，似乎没有一个“量词”可以衡量它。有人问：“服务无法进行衡量，那么该如何纳入管理之中呢？”事实上，现代管理发展了几十年，与管理相关的元素几乎都是可以进行量化的。许多企业、组织为了将服务纳入绩效考核体系中，引入了一个服务的标准。比如，服务质量星级评判标准。这样的星级评判标准是非常有意义的，开门红培训课程中就有星级评判标准的设计，它也帮助了许多商业银行在服务、管理、经营等方面建立一套可靠的打分标准和评价标准。服务是可以规范的，服务礼仪作为一种礼仪，本身就具有规范的特征。

1. 在服务沟通中，商业银行从业者尽量选择积极的、正面的用语

我们怎么去理解积极的和正面的呢？积极的，就是选择引导人向上的词语。比如，客户来银行办理业务，如果没有提前预约是需要耐心等待的。通常来讲，客户经理会这样表达："很抱歉！让您久等了！"这是一种常规表达方式，但是我们可以用更积极的方式去表达，客户经理完全可以这样说："感谢您的耐心等待。"比较这两种用语，我们就可以看出积极与普通之间的差别。正面的与积极的用语是相似的，就是让我们尽可能地选择具有正能量的用语。因为服务本身就是一种正能量，需要正能量的词去体现。

2. 在服务沟通中，商业银行从业者尽量选择用"我"代替"你"

在沟通环节中，商业银行从业者与客户之间是"服务—被服务"的关系，客户作为沟通中的"你"，似乎使用"你"并没有什么错误。但是这里的"我"与"你"的置换是一种责任的置换。比如，客户经理向客户介绍一种产品，介绍完毕后，通常会说："你听懂了吗？"言外之意，听懂听不懂与客户经理的描述无关，这就等于把责任丢给了对方。事实上，我们应该把责任主动揽过来，比如这样说："我的表达清楚吗？"通过这种"我"代替"你"的方式，就把服务的责任揽了过来，给客户一种轻松的服务沟通环境。

3. 在服务沟通中，商业银行从业者要学会维护自己和银行的形象

如今有一种现象特别不好，就是客户觉得银行的某款产品或者某项服务

达不到要求时，便会发牢骚或者向客户经理施压。某客户对产品和服务感到不满，便向客户经理施压："你今天必须给我一个说法或者解决方案。"但是客户经理心知肚明，银行还没有这样的解决方案，于是便说："对不起，我也没有办法呀！"言外之意，自己这种无力解决的原因是银行的不支持。但是这样的描述，会损害银行的形象。因此，我们可以换一种正面的描述方法，如"对不起，银行目前没有推出相关方案"。换一种表达和描述，既维护了自己的服务形象，也维护了商业银行的形象。

4. 在服务沟通中，商业银行从业者尽量选择理解式的认同方式

亲朋好友之间，抑或商务谈判期间，双方想要达成某种共识，就需要相互谦让、相互理解。比如，客户向客户经理描述完自己的看法和要求后，客户经理的常规回答是："嗯，我知道你说的意思！"这种常规回答并没有大问题，但是细细品一下，总觉得生硬无比，就如同蒸米饭还没有蒸透一样，有一种夹生的感觉。如果想要回答得更加委婉，且富有"同理心"，我们应该这样回复："嗯，我理解你的这种想法！""理解"一词，体现出一种换位思考的精神，"理解"比"明白"或者"我懂"更具有服务的色彩。因此，我们在沟通服务过程中，应尽可能用"理解"代替"我明白""我懂"。

5. 在服务沟通中，商业银行从业者尽量选择突出对方利益的语句

服务是什么？不就是确保对方的利益得以实现吗？商业银行提供的服务是"利益方案"，这个"利益方案"是用来满足客户的需求和要求的。银行柜员给客户办理相关资金业务时，都会提醒一句："请小心一点，输入密码时要防止他人偷窥。"这是一种善意的提醒，并没有什么大问题。但是小问题在于这样的描述并未突出客户的利益，而只是一种常规提醒。那么我们该怎么说呢？其实，我们可以这样说："为了您的财产安全，请在您输入密码时防止

被他人偷窥。”一个“为了您”，就能够体现并突出商业银行对客户个人利益的关注程度。

服务礼仪既强调礼仪，又强调规范。规范用语，就能提升商业银行的服务质量，并体现出人性服务、文明服务的特点。

服务礼仪之交谈技巧

交谈就是沟通说话，它需要相关人员掌握一定的技巧。有技巧的交谈与没有技巧的交谈带来的结果是完全不一样的。且不说那些外交家的著名外交个案，商业银行里也有许许多多的成功例子。如果一名商业银行从业者拥有过人的交谈技巧，就能为商业银行争取到更多客户、更多订单。

有一位叫海森的银行客户经理，他在自己的小镇上可算是一个名人。小镇上的人都夸奖海森："海森心地善良，有责任心，而且非常会说话。从他嘴里说出来的话，就像歌曲一样好听。”当然，这似乎有些夸张。但也从侧面反映出，海森是通过交谈获得人气的。

有一次，海森去一家养老机构办理业务。养老机构的负责人曼妮女士患有严重的神经衰弱症，与他人交谈时间太久，就会走神。而且曼妮女士脾气非常古怪，总是能够提出与交谈无关的问题。海森来到养老机构，然后把一张银行存款单递给曼妮女士，并强调："曼妮女士，您要收好。”

曼妮女士突然说出一些很古怪的话："为什么要提醒我？难道我得了阿尔茨海默病了吗？很显然我没有！不过，还是谢谢你的提醒。养老院里有很多患有阿尔茨海默病的老人，他们似乎都忘了自己的名字。这种病不传染吧？”

海森顺着曼妮女士的话说："这种病不是传染病，不会传染的，曼妮女士！您看上去这么阳光、健康，怎么可能会得这样的病呢？"

"那倒是！虽然我睡眠不是很好，轻微健忘，但是我有生活情趣，这样的时候，我总会喝一杯曼特宁咖啡。海森先生，你要不要也来一杯？"

海森与曼妮的交谈似乎没有什么主旨，但是让曼妮非常开心。海森认为：客户开心是第一位的，交谈的主旨反而显得不那么重要。海森每一次服务客户，都能展开很好的、很舒服的交流。交流过后，双方都很欢喜。海森成为小镇上受欢迎的人不是偶然，而是其凭借真诚的服务和会说话的本领，为自己打开了"销路"。

故事中的海森是一个值得商业银行从业者学习的楷模，掌握并科学运用交谈技巧对开展沟通服务工作是非常重要的。那么都有哪些交谈技巧呢？

1. 要敢于"破冰"

什么样的交谈最尴尬？就是两个人一起发呆，没有任何语言上、表情上、情感上的交流。如果双方交谈正处于"冰冻期"，商业银行从业者就要想方设法去"破冰"，找话题引导交谈。现实里，许多人可能因为性格等原因迟迟打不开局面。对于这些人而言，需要培养自信。有了自信，就能大胆说话，大胆"破冰"。

2. 要说对方爱听的话

交谈需要挑选客户感兴趣的话题。如果客户对话题不感兴趣，他们就会失去耐心，然后想方设法终止交谈；如果客户对话题感兴趣，他们就会积极地参与交谈，并且在交谈中说出自己的想法、需求、要求。另外，交谈过程中，商业银行从业者还要想方设法抬高客户的交谈地位。客户的尊重需求得到了满足，就会产生一种交谈的愉悦感。

3. 谨慎开玩笑

有人问："不是说，交谈中需要一点幽默吗？开玩笑也是为了活跃气氛，为什么还要谨慎开玩笑呢？"开玩笑与幽默是两码事。幽默是一种高级的玩笑，不仅无伤大雅，而且还能达到"雅"的地步，这需要一个人拥有较为强大的语言功底和文学功底。对于一名商业银行的普通工作人员而言，拥有强大的语言功底和文学功底似乎并不容易。如果我们不确定所开的玩笑是"雅"的，就尽量不要开玩笑。除此之外，商业银行从业者也不要跟客户"嚼舌根"。客户来银行是办理业务的，不是听你讲故事的。

4. 适当使用赞美

赞美他人是一种美德，赞美他人可以令他人的心情愉悦。总之，赞美是好的，恰如其分的赞美是找不出毛病的。赞美不是拍马屁，赞美是高尚的，带有礼仪性质的。法国文学家拉罗什富科认为：赞扬是一种精明、隐秘和巧妙的奉承，它从不同的方面满足给予赞扬和得到赞扬的人们。因此，我们要在交谈中适当去赞美对方，哪怕对方只有一个小小的闪光点需要赞美，我们也不要放过这个机会。

除了以上四点外，双方在交谈时，服务一方最好将手机调至震动。许多失败的交谈案例表明，在交谈过程中接电话，只能帮交谈的倒忙。尤其在进行重要的交谈时，商业银行从业者更要注重这些容易被忽视的细节。

服务礼仪之规范称谓

有一位"90后"年轻人，工作不到三年便被提拔为部门副主任。该部门的许多人都不服气，于是，有些人在背后造谣。谣言毕竟是谣言，不可信，真相到底是什么呢？

事实上，年轻人的上司，也就是部门主任非常有发言权。他说：“为什么提拔她？我觉得她比许多员工有礼貌。她见了老板喊老板，见了同事喊师傅，见了客户就喊先生、女士。难道选一名干部，不应该选一名有礼貌、人品好、有担当的人吗？”这番解释击碎了谣言。事实上，许多企业组织缺乏这样的好员工，一个人是什么样的，往往会通过语言行为表现出来。许多客户都反映：“你们公司的那位副主任很不错，虽然很年轻，但是服务非常到位，而且讲话非常有礼貌，我们听了之后很高兴。”

规范称谓是规范语言行为的一个重要方面。称谓不能乱喊，一定要体现文明、礼仪、规范的特点。

1. 不要喊他人的外号

通常来讲，外号不是自己给自己取的，而是别人给自己取的。外号通常是粗俗的，带有一种讽刺、挖苦的味道，是不尊重人的。故此，商业银行从业者在服务客户的过程中切莫喊客户的外号。

2. 不要“无称呼”

现实中还有一群人，见了他人直接喊：“唉，你去哪？干什么去？”这种“无称呼”总会给人一种不礼貌的感觉。甚至有些人称呼别人时，完全是“无称呼”。两个人正在洽谈业务，一个人突然对另一个人说：“把材料准备一下吧！”另一个人有点发蒙，他问：“什么？”这个人又重复了一遍：“把材料准备一下吧！”经过三次确认，发蒙的那个人才反应过来，对方原来是在要求自己准备材料。如果在这番对话中，这个人直接说：“某先生，您把材料准备一下吧！”这样的话，既旗帜鲜明，也是对他人的一种尊重。

3. 不要用“俗称”

许多人为了套近乎，会直接喊“俗称”。比如，有人见了同龄同性别的人，直接喊：“哥们儿，最近怎么样?”有人见了同龄不同性别的人，直接喊：“美女，最近怎么样?”还有一些地方“俗称”如“伙计”“靓仔”等。所谓“俗称”，主要体现在“俗”上。“俗”看似非常流行，实际上显得非常粗俗、不文明。有些人能够接受这样的“俗称”，有些人就难以接受这样的称谓。另外，“俗称”是一种非服务、非礼仪用词，总会给人一种别扭的感觉。规范称谓，就需要抛弃“俗称”，换用先生、女士等标准称谓。

规范称谓，是规范服务礼仪语言的一个重要方面。规范称谓，就是给对方一种尊重。

服务礼仪之商务谈判

商务谈判是商业银行与客户之间较为常见的一种“服务—沟通”的模式，需要进入商务谈判环节解决的，通常是一些比较重要的洽谈业务。比如，商业银行与某企业的商务合作。某商业银行行长认为：商务谈判是商业银行最重要的项目，如果能够谈判成功，将会为银行解决一件大事。另外，商务谈判是一种极具挑战性的沟通服务工作，它与常规的窗口服务不同。从这位行长的观点中，我们能够感受到商业银行对商务谈判的重视程度。商务谈判是否有秘诀呢？简单来说，商务谈判最大的秘诀就是想方设法用商业银行的想法和观点去影响客户，并且让客户接受。

某商业银行正在与某大企业进行谈判，谈判已经进入了关键时期。按照商业银行一方的观点：稍有不慎，便会前功尽弃。

此时，企业方向商业银行提出了一个“无礼”要求，这个“无礼”要求已经超过了商业银行可让步的底线，双方因此陷入了“拉锯”状态。负责商业银行谈判的郭副行长表明了自己的立场，并向企业方提供了另一个合作方案，而这个合作方案是经过银行方多次权衡所做的最大利益让步方案。企业方在得知第一个方案无法得到商业银行认同的情况下，只能对第二个方案进行谈判、协商。最后商业银行谈判代表人郭副行长凭借自己的幽默、睿智换来了商务谈判的成功。

商务谈判是一种礼仪式的服务沟通，因此它也有自己的技巧。那么商务谈判的技巧是什么呢?

1. 准确使用语言

商务谈判是非常重要的，因此商业银行谈判方需要准确、恰当地使用礼仪性语言。如今，有专门关于谈判语言的培训课程，许多商业银行积极引入相关课程，帮助商业银行在谈判过程中正确使用礼仪性语言，规范自己在谈判过程中的措辞与修饰。准确使用语言，就是正确地使用礼仪性语言，一方面是分情况使用语言，另一方面是规范使用语言。

2. 不伤害客户的面子

面子对人而言，是非常重要的。面子代表着一个人的自尊与形象，面子甚至是人用生命去捍卫的东西。对于商务谈判而言，商业银行谈判者需要做到：不能伤及客户的面子，甚至还要给客户留面子。伤害了客户的面子，客户就会终止谈判，终止进一步的合作。商务谈判不是一个验证“爱面子的人多半是爱慕虚荣”是否是真理的练兵场，而是一个给客户留面子的沟通过程。

3. 适时肯定对方

如果谈判之路上全都是否定，这样的谈判也就失去了意义。商务谈判的过程，是一个从否定到肯定的过程。在此期间，双方要进行协商、研讨，甚至还需要彼此做出牺牲和让步，才能最终达成合作共识。如果客户在谈判中陈述的观点是符合商业银行利益的，商业银行谈判代表就需要及时给予对方肯定。给予对方肯定，也就给予了对方信任。某商业银行行长认为：谈判过程是一个此消彼长的过程，谈判的目标就是达成共识。如何才能达成共识呢？需要一个前提——给予对方肯定和鼓励。客户得到了商业银行的肯定，才有信心继续谈下去，否则谈判就会停止。

4. 注意说话的方式

除了准确使用语言外，商业银行的谈判者还要注意说话的方式，尤其避免使用七种语言。

拒绝使用极端的语言，极端的语言会将谈判引向极端；

拒绝使用针锋相对的语言，针锋相对的语言只会令双方的争执进一步加深；

拒绝使用牵扯他人隐私的语言，商务谈判终究是一种礼仪合作，而不是私人矛盾的“斗兽场”；

拒绝使用有损他人自尊的语言，有时候自尊比合作更加重要，维护客户的自尊也是一种服务的体现；

拒绝使用催促的语言，现实中客户因被客户经理催促而放弃合作的案例比比皆是；

拒绝使用自以为是的语言，自以为是的语言是一种偏执的、太过主观的语言，对客户的利益存在伤害的可能；

拒绝使用赌气的语言，赌气不仅解决不了问题，甚至会令客户感到厌恶。

商务谈判是商业银行的重要服务项目之一，能够做好商务谈判，商业银行就会在业务经营方面取得进展。另外，商务谈判还是服务礼仪的练兵场，通过规范商务谈判礼仪，我们还能够加深对服务礼仪的正确认识和理解。

服务礼仪之电话沟通

服务礼仪是商业银行从业者需要掌握的最基本的技能，拥有了这个技能，他们才能在自己的职业生涯中开展服务工作。商业银行是一个服务输出机构，输出的服务质量越高，越容易树立口碑和形象。某商业银行行长认为：服务是商业银行的根，客户是商业银行的树干。服务做好了，树干部分会越来越粗壮。商业银行是什么？是树上的果实！通过服务客户，商业银行才能茁壮成长。

电话沟通是商业银行服务客户的一种常见沟通方式。许多时候，因为客户工作忙，或者上门不方便，商业银行就需要提供上门服务或者电话沟通服务。电话是现代化的通信工具，既能够跨区域实现沟通，也具有自由、方便等特点。因此，商业银行非常重视电话沟通服务，且希望通过这种服务拉近商业银行与客户之间的距离。

一方面，我们要了解一下电话沟通的三要素。

电话沟通的主要功能是营销，而营销的本质就是服务。不管是业务沟通还是客户关系维护，都是以营销为目的的。沟通的三要素是语言、声音、态度。

电话沟通所使用的语言与谈判、服务时需要使用的标准礼仪语言是相同的。规范电话服务语言的目的就是给客户留下良好的印象，让客户感受到标准化服务的专业力量。电话沟通的声音也是有要求的，当下许多企业选择“服务呼叫员”有一个行业标准，比如普通话的标准、音色的标准等。如果商业银行没有相关部门，可以对行内的相关人员进行相关培训。电话沟通的态度是非常重要的，同样要求银行客户经理要态度和蔼、谦逊低调。如果客户经理在电话沟通中表现出一种目中无人的态度，恐怕得到的只有客户的挂线声。

另一方面，我们要通过电话沟通满足客户的期望值。

通常情况下，客户期望值包括“被了解”“被关心”“被尊重”“被同情”“被赞许”“被宽容”“被帮助”“被商量”。

“被了解”，就是客户让商业银行客户经理了解他当前的实际情况，比如存款、财产分配、养老、房贷等实际情况，以便商业银行客户经理能够给出正面有效的方案。

“被关心”，就是客户希望商业银行客户经理能够关切地对待客户的需求，把客户的需求当回事。现实中，存在个别商业银行客户经理敷衍客户的行为，这种行为令客户反感。如果我们能够关心客户，重视客户的需求，就能令客户产生一种信任感。

“被尊重”，是客户对商业银行客户经理提出的第一要求，如果自己得不到尊重，一切问题都免谈。怎么才算“被尊重”呢？商业银行客户经理需要拿出自己的诚意，还需要谦虚低调、毕恭毕敬。俗话说：“比他人身段低，才能体现他人的位置。”

“被同情”，就是客户对商业银行提出的一种需求，这种需求只有在银行客户经理获得“同理心”的情况下才能被满足。如果商业银行客户经理对自己的客户有“同理心”，必然会全力以赴满足客户的需求。

“被赞许”，就是客户希望自己的看法或想法能够得到客户经理的肯定。事实上，任何人都有这样的需求，被他人肯定是一种高级需求。当这种需求被满足，人会开心、快乐。商业银行客户经理通过赞许客户获得客户的好感，是相当实惠的一件事。

"被宽容"，就是客户希望自己永远是对的，哪怕犯了错也要得到原谅。俗话说："人非圣贤，孰能无过。"有时，客户会犯错误，客户经理也会不开心，也会生客户的气。但是客户希望的是：即便你生气了，也要为我提供服务。

"被帮助"，就是客户希望自己的需求得到满足，自己的要求得到实现，自己的问题得到解决，自己所需要的一切一切，都应该让客户经理来完成。虽然，这看上去是不太可能的。但是客户是这样想的，客户经理也要这样去想，甚至也要想尽办法帮助客户，满足其需求。

"被商量"，就是客户希望电话沟通中的事情是可以进行协商解决的，而不是银行一方说什么就是什么。如今，商业银行不太可能说什么就是什么，几乎都是以客户为中心，为客户单独设计解决方案。这种服务方式，既体现了人性，又彰显了个性。客户喜欢讨价还价，为什么我们不配合他去讨价还价呢？

除此以外，商业银行从业者在与客户沟通时，还要避免顶撞客户，也不要跟客户斤斤计较，更不要表现出一种嫌弃客户的态度。只有把自己放在服务者的位置，把客户放在被服务者的位置，我们才能做好电话沟通工作，继而满足客户的需求和要求。

第六章

服务礼仪的五种技巧

服务礼仪之文明服务

我们生活在一个文明的社会，文明的社会里处处都有文明的影子。文明也将人类与其他动物区分开，只有人类才有文明，其他动物没有。文明是什么呢？文明是人类发展史的积淀，它能够给人类带来正面的、健康的、积极的认知，并且符合人类的精神追求。礼貌是一种文明，善良是一种文明，积极向上的发明和有意义的实践都是一种文明。契诃夫说：“人在智慧上应当是明豁的，道德上应该是清白的，身体上应该是清洁的。”文明是人类社会的标志，任何人、任何组织都离不开文明。

有一个叫史蒂文斯的人，他一直在贫民窟里生活。许多人认为：贫民窟是一个被遗忘的地方，这里充满了犯罪、欺骗和贫穷。史蒂文斯是一名银行经理人，事实上他完全可以离开贫民窟，去别的地方生活。那么史蒂文斯为什么会选择留下来呢？

史蒂文斯说：“这里并不是地狱！事实上，这里充满着各种温情。人们在贫穷面前或许会显得卑微，但是并不会因贫穷而变成魔鬼。我是一名银行经理人，贫民窟的人同样需要银行的帮助。我们不能因为贫穷，就抛弃他们。”

有一年，史蒂文斯服务于一名患有癌症的病人。这名病人平时不舍得花钱，得知自己得了癌症后，竟然选择了放弃治疗。他决定把为数不多的积蓄留给自己的妻子，供她养老。因此他找到史蒂文斯，请史蒂文斯帮他做一份理财计划。史蒂文斯对这个人的做法感到震惊，但是他又尊重这位特殊客户的特殊要求。他为这位客户做了三份计划，每一份计划都有不同的侧重点。

史蒂文斯着重向这位客户推荐 B 计划，这是一份既可以理财、又可以帮助他治疗癌症的方案。这位特殊的客户感受到史蒂文斯的良苦用心，最后接受了史蒂文斯的建议。这位特殊的客户因为史蒂文斯的精心服务而非常开心，他这样评价史蒂文斯："他是一个能够把阳光带进黑暗房间的人。"事实上，史蒂文斯的这种细心的服务恰恰体现了文明。

如今，商业银行强调文明服务的重要性，只有加强文明服务，才能让客户感受到服务的力量。如果商业银行提供的服务是不够文明的服务，客户们恐怕就会选择其他银行或者其他金融服务机构了。

十几年前，某农村信用社发生了这么一件事。有一位农民客户拿着一箱子钱来办理存款，这些钱都是由一分、二分、五分的硬币以及一角、五角、一元的纸币组成的，仅仅清点这些钱，就需要耗费巨大的精力。但是这家信用社的服务态度非常好，信用社的社长也亲自参与了清点、整理工作，员工前前后后花了 4 个多小时，才把这一箱子钱清点完毕。这一箱子钱一共有 9761 元 5 角 7 分。当社长亲手将存折递到农民客户的手上时，这位农民客户激动地掉下了眼泪。他对农村信用社的社长说："真要感谢你们，没想到你们银行肯花这么长时间只为我一个农民服务，谢谢！"信用社的社长微笑着说："农村信用社就是专门服务农民客户朋友的，如果没有你们，我们就要下岗了！"

事实上，这家农村信用社经常做这样的清点零钱的工作，许多农民卖菜、卖粮的收入是非常零散的，他们只有攒得足够多，才会来银行办理存款业务。农村信用社的社长对员工说："不要因为麻烦而拒绝他们，服务恰恰就体现在这里面。农村信用社是服务于广大农民客户的银行，农民客户就是我们的上帝，我们需要胜任仆人的角色，将我们信用社的服务口碑传递出去。我们传递的不仅是服务精神和信用社的口碑，更是一种文明，一种正能量。"

这家农村信用社以优质的、文明的服务赢得了广大农民客户的好感，连续多年被评为"老百姓信得过的银行"称号。

英国哲学家洛克认为：礼仪是在他的一切别种美德之上加上一层藻饰，使它们对他具有效用，去为他获得一切和他接近的人的尊重与好感。礼仪是一种文明的体现，服务就是一种高尚的礼仪。许多人认为：文明的概念太大了，大到我们不知道文明到底是何物。其实，文明是一切无私的、拥有爱的、美丽的、积极的东西。服务是无私的，服务体现爱，服务是美丽的，服务是积极的，优秀的服务令人难忘。商业银行想要打造文明服务，需要在服务质量、服务手段、服务态度、服务内容、服务环境等方面进行加强，能够做到"急客户之所急，忧客户之所忧"，坚持"客户至上"的原则。只有这样，商业银行提供的服务才是真正意义上的文明服务。

服务礼仪之主动服务

人是一种非常奇怪的动物，有时候很主动，有时候却很被动。就拿服务来讲，一个拥有强大的服务意识的人会向他人提供一种主动服务，一个人没有这样的服务意识，也就无法提供主动服务，他们也只能在岗位制度和工作考核压力之下提供一种被动服务。主动服务与被动服务虽然都是服务，但是有着天壤之别。

有两个女孩，一个叫阿静，一个叫阿兰。两个人在同一家机构上班，而且都从事服务性工作。有一年，两个女孩所在的机构策划了一场展会，阿静和阿兰在展会中担任讲解服务的角色。

有一位阿拉伯商人来到展会，似乎想要寻找什么。但是碍于语言障碍，他有些手足无措。此时，阿静主动走上来，用英语与阿拉伯商人进行沟通，并问阿拉伯商人："有什么需要帮助的吗?"阿拉伯商人说："我想寻找一个工程机械设备厂的参展商，我有这方面的需求。"阿静得知他的需求后，便主动领着阿拉伯商人来到一个参展厂家的展位上，阿拉伯商人非常高兴，并向阿静伸出了大拇指。

参加展会的外国人非常多，阿静与阿兰还要提供简单的英语翻译服务。有一家波兰商人也来寻找合作伙伴，他与阿拉伯商人相似，刚一进展会就不知道从哪里着手了。阿兰虽然站在旁边，但是并未主动伸出援助之手。后来，波兰商人看到了戴着工作牌的阿兰，主动问阿兰："女士，能不能帮我找一家中国轴承参展商?"阿兰例行工作安排，仅向这位波兰商人提供了简单的翻译和指引服务，甚至后来还颇不耐烦地对波兰客商说："您再去那边问问吧，我有一位同事在那边，她更熟悉!"

无奈之下，波兰商人找到了阿静。阿静的服务与阿兰的迥然不同，她更加热情主动，而且一路带着波兰商人来到轴承参展商的展区。波兰商人也对阿静伸出了大拇指，说："你的服务很到位，比那边那位女士好很多。"得到波兰商人的表扬，阿静说："谢谢您的肯定，这都是我们应该做的。我的同事也非常好，只是我比她更熟悉一点。"

展会结束后，参展商对阿静、阿兰等展会服务人员进行服务质量投票，阿静得到了158票，阿兰只得到了4票。

故事中的阿静与阿兰，代表着主动服务与被动服务，两种服务代表着两种观点。能够主动提供服务的人会说："客户是上帝，我们是仆人，主动服务上帝是仆人的职责，因此我们要更加积极主动一点。”被动提供服务的人则持另一种观点：服务的本质是营销，而营销则是功利的。服务是一种具有功利特性的实践活动，在功利驱动之下，这种服务才能产生动力。或者说，被动服务是一种压力之下的服务，被动服务或许不能被称为服务，只能被称为例行公事。那么什么样的服务才是主动服务呢？

1. 主动服务是一种主观上的服务

人是一种主观的动物，所做的一切决定都是出自主观意识。服务意识，也是一种主观意识。现实中，拥有这样服务意识的人似乎并不多，是职场中的稀缺性人才。著名劳模李素丽算是主动服务的代表人物，在公交车上向不同的乘客提供不同的服务，比如给老人、孕妇让座，解决公交车内发生的争执，给外地乘客指路等。还有一位服务先进工作者说：“当我看到他们处于一种需要帮助的状态时，我就会毫不犹豫地上去帮助他们。这种帮助是一种本能反应，而不是刻意为之。”因此，只有树立并拥有主动服务意识，商业银行从业者才具备主动服务的可能性。

2. 主动服务是一种“急客户之所急，忧客户之所忧”的服务

有一位管理专家认为：服务的终极目的就是帮助客户分忧。客户面临种种无法解决的麻烦，客户经理就出现了；客户需要一个帮手，客户经理就出现了；客户需要一个冲锋陷阵的人，客户经理就出现了。客户需要时，客户经理就已经站在那里了，这就是一种主动服务，就好似客户与客户经理是有“心灵感应”一样，客户需要什么，客户经理马上就能提供。“急客户之所急，忧客户之所忧”是一种服务境界，这种境界似乎高到人们难以触及的位置。但是如果我们拥有了“同理心”，拥有了服务意识，就会鞭笞自己做出积极主动的尝试。有一位哲人说：“一个拥有爱与良知的人，会主动向弱者伸出援助

之手。这种主动，便是一种服务。”

如今，许多商业银行都在营造主动服务的氛围，培养员工的主动服务意识，搭建服务文化，创建服务品牌。而这一系列动作，似乎也有了非常不错的效果。如果商业银行从业者养成了主动服务的习惯，就能把服务变成一种主动行为，并一直执行下去。

服务礼仪之热情服务

有人说：“一个人如果失去了热情，他的人生也将会失去意义。”热情是热烈的、积极的、主动的情感，与热情相对的是冷漠。如今，因为价值观和世界观的变化，热情似乎变成了一件稀缺品。许多年轻人不与他人交往，只沉迷于网络与金钱的世界。许多年轻人似乎失去了热情，对任何事物都抱有一种漠不关心的态度。

有一位年轻人叫阿伟，他在某酒店餐饮部工作。他每天的工作就是给就餐客户提供服务。说白了，阿伟就是一名服务生。除了工作之外，阿伟只有一个爱好：玩网络游戏。为了玩网络游戏，阿伟几乎用掉了所有的休息时间。换句话说，阿伟的生活模式是工作模式与游戏模式的自由切换。在这家酒店里，还有许多服务生也爱玩网络游戏。

除了沉迷游戏之外，阿伟没有任何热情去做其他事情。领班常常对阿伟说：“阿伟啊，赶紧去洗洗脸吧！看到你这副模样，我也想睡觉。”但是这些忠告都被阿伟当成了耳旁风，阿伟一直沉迷在自己的世界里。有人说：“沉迷于游戏世界中的人，在现实世界里是极度冷漠的。”这句话用来形容阿伟，也非常合适。有一次一位客户点餐，连着喊了阿伟三次，阿伟才走过来问：“先生，你有什么事?”这位客户非常生气：“没有事我叫你干什么！我喊了你好几声，你都没有听见。难道上班时间还能看手机吗?”阿伟还想解释，但是客户一直非常生气，后来领班帮阿伟处理了这件事情。

领班对阿伟说：“阿伟啊，你到底还想不想做这份工作？如果经理知道了，肯定要辞退你了！难道你就不能积极主动一点吗？非要让客户投诉你吗？仅一个月，你就被客户投诉了三次。如果再这么下去，我也帮不了你了！”但是阿伟的这种性格已经养成，领班说再多话也没有效果。一个月后，阿伟因消极工作被这家酒店解雇。

现实中，这样的年轻人有很多。他们对生活没有热情，对工作也是如此。有一位“90后”的年轻人说：“工作的目的就是赚钱而已，如果不是为了赚钱，我才不会低三下四地被客户‘招之即来，挥之即去’。”从这句话中，我们就能窥探到他在未来职场中的发展曲线会是怎样的。某商业银行行长则认为：失去热情的服务不是服务，而是一种敷衍了事。客户喊你，你才答应一下；客户不喊你，你就把客户当成空气。时间久了，客户也会把你当成空气。而积极热情的服务应是主动的，你会在客户需要服务之前，提前来到服务者应该在的位置上，并为服务客户做准备。在服务客户的过程中，你也会表现出热情接纳客户的姿态。

某商业银行大堂经理王丹丹就是一位非常热情的人，每当她看到客户进门，便微笑地主动送上服务。有一次，一位老人来银行办理业务。因为老人办理存款业务，根据他的存款数额，他完全可以直接在ATM机（自动柜员机）上自助办理，不需要排队。王丹丹便对老人说：“大伯，您的业务不需要排队，在ATM机上办理就行！这样既简单，也非常安全。”但是，这位老人不会使用ATM机，王丹丹便带着他来到ATM机前，她一边向老人演示，一边教老人使用ATM机。王丹丹帮助老人存完款之后，老人对王丹丹说："人老了就是这样，下一次来，恐怕我还得去排队。"王丹丹微笑着回答："大伯，只要我在这里，您来银行找我就行，我帮您办理。如今银行都在推行服务的智能化、自助化，就是为了帮助您节省时间。"老人听了王丹丹的表态，非常高兴，然后表扬王丹丹："谢谢你，你的服务很到位，比许多经理做得都要到位。"听着老人的表扬，王丹丹依旧非常谦虚低调。王丹丹凭借自己的服务热情和周到的服务，连续三年被评为所在区域的服务文明之星。

热情周到的服务，完全可以改变一家店在客户心目中的形象。比如，某城市一家巴西烤肉店的店长就非常热情。只要他看到客户招手，就会马上帮助客户解决问题。每一次见到老客户来就餐，这位店长还会微笑着问："先生，上一次对我们的服务满意吗？如果有不满意的地方，您就大胆地提出来！"正因如此，这家巴西烤肉店的生意非常好。许多客户说："我来这里，完全就是冲着店长来的。客户来消费，并不完全是为了吃，关键还是就餐的环境和服务的质量。"因此，优质的、热情的服务能够给客户留下良好的印象，并能吸引客户再次来消费。

有一家商业银行的口号是："热情服务，快乐你我！"如果客户能够感受到商业银行热情而周到的服务，就会因此而快乐。

服务礼仪之礼貌服务

尊重他人，对他人要有礼貌。这些似乎都是天天挂在嘴上的话，但是，最简单的事情最难做。礼貌，人人都在强调。为什么人人都在强调呢？究其原因，是人与人之间依旧缺少这种礼貌。见了上司向上司问好是一种礼貌，见了同事和朋友向他们问候是一种礼貌，见了客户向客户发出真挚的邀请是一种礼貌。关于礼貌的案例，恐怕我们每个人都能随口讲出几个。现实中，能够做到对上司问好、对同事问候、对客户邀请的人，屈指可数。许多人见了上司会选择低着头绕道而行；见了同事则是直呼其名；见了客户会在迫于无奈之下不得不向客户发出邀请，给人一种极其不情愿的感觉。

礼貌服务的最大特色在于“礼”，礼是礼数，也是礼仪，礼让。礼貌服务，就是以“礼”带动的服务。人与人之间，需要这种“礼”。如果没有这种“礼”，恐怕两个人也就走不到一起。礼貌是一种尊敬，一种敬佩，一种友好，是一种美德。礼貌是一个大而全的概念，凡是出于礼貌的服务，我们都可以称其为礼貌服务。礼貌服务也有四大原则，即尊重原则、自律原则、得体原则、真诚原则。

1. 尊重原则

人们常说：“做人要有礼貌。”礼貌就是一种尊重。要礼让对方，把最好的一面呈现给对方。著名的心理学家弗洛姆认为：尊重生命、尊重他人也尊重自己的生命，是生命进程中的伴随物，也是心理健康的一个条件。如果我们连尊重他人都做不到，也就无法继续谈“服务”二字。尊重他人也是做人的基础，不尊重他人，他人也不会尊重你。尊重是相互的，就像镜子中的你我。尊重是老生常谈，但也是一种智慧。客户得到了商业银行的尊重，内心就会好受一点；如果客户没有得到商业银行的尊重，自然就会离开这家银行，去一家能够给他提供尊重需求的商业银行办理业务。哲学家叔本华认为：要尊重每一个人，不论他是何等卑微与可笑。要记住活在每个人身上的是和你我相同的性灵。

2. 自律原则

有人说：“人是自由意志决定的动物。”什么是自由意志呢？就是人希望自己的思想行为不受大脑控制。事实上，一个有道德的人，会想尽一切办法约束自己的“恶”的一面。哲学家叔本华认为：大家都相信自己先天是完全自由的，甚至涵盖个人行动，而且认为在任何时间他都可以开始另一种生活方式。后天，从经验上，他会惊讶地发现自己并不自由，而是受制于必需品，而且不顾他的所有决心，他无法改变自己的行为，而这就形成从他生命开始到结束的生活，他必须扮演自己谴责的角色。自己“谴责”自己，就是某种程度上的自律。如果我们能够约束自己的行为，只留给客户善良的、热情的、积极的一面，就能够给客户留下良好的印象。

3. 得体原则

一切都刚刚好，都恰如其分，就是最好，少一分则薄，多一分则厚。就像两人之间的距离，距离太近必然生厌，距离太远必然生疏。正所谓“距离产生美”，距离要刚刚好才行。做服务也是如此，也要掌握一个度，既不要太过热情，也不要太过冷漠。太过热情，客户会想：这葫芦里是不是藏着毒药呀？太过冷漠，客户会想：这家商业银行根本不把客户当回事！一方面，商业银行从业者的穿着打扮要得体，要体现一个职业人的形象；另一方面，商业银行从业者要得体使用服务用语，要知道哪些话可以说，哪些话不能说，哪些话需要如何去说。

4. 真诚原则

对于一个人而言，真诚一点总是没有坏处的，要真诚面对自己，真诚面对自己的职业和岗位，真诚面对上司和同事，真诚面对客户。人人都不喜欢与虚头巴脑的人打交道，认为这样的人表里不一、深藏不露，不知道他心里藏着人还是藏着鬼。客户也是如此，面对客户经理的“忽悠”会产生一种厌倦感。有一位客户说：“我来银行是要办一件实实在在、关乎切身利益的事，如果银行提供的服务是虚头巴脑的服务，我只能说对不起了。”有位哲人说：“人与人之间，只有真诚相待，才是真正的朋友。谁要是算计朋友，等于自己欺骗自己。”真诚是人最可贵的东西，真诚总比虚伪好。

如今，“礼貌”是当下社会十分普及的一个词，也是搜索量非常高的一个词。为什么会这样呢？因为世界依旧缺少礼貌，世界需要呼唤礼貌。对于商业银行而言，礼貌服务是基础工作。只有礼貌对待客户，才能赢得客户的信任。

服务礼仪之人性服务

人性服务是当下许多商业组织都在致力推广的一种服务类型，所谓“人性”，就是以人为本，以满足客户的消费需求为中心。人性服务也是一种个性化服务，每一名客户都不同，商业银行也就要向不同的客户提供不同的服务。对于商业银行而言，关注人性和人文，就是从本质上挖掘客户背后的人性需求，从而帮助客户实现需求。

当然，人类的需求有可能很简单，也有可能非常复杂。简单的需求就是需要什么买什么；复杂的需求是带有心理需求属性的，比如尊重需求等。有一位管理学家认为：客户需要什么，我们就要提供什么，而且我们提供的东西要达到甚至超过客户的心理预期，才能让客户感到满足和惊讶。

南方某商业银行开展人性服务活动，从服务的点滴、细节入手，希望给客户带来不一样的服务体验。有一位中年女性来银行办理业务，刚一进门就得到了商业银行大堂经理的盛情款待。大堂经理不仅微笑相迎，而且服务非常体贴细致。客户口渴有直饮水提供，客户想要上网有免费的 Wi－Fi 提供，客户有其他的休闲需求，也都能够一应满足。这位中年女性非常满意这家银行的服务，并向大堂经理伸出了大拇指说："如果银行能够长期开展这样的服务工作，一定是客户的福音。"客户需要这样的服务，商业银行也必须提供这样的服务。

我们都知道，商业银行的公共办公环境是不允许吸烟的。但是某商业银行考虑到吸烟客户的感受，便在营业大厅旁边专门开辟了吸烟区，吸烟的客户可以去吸烟区吸烟。还有一些商业银行则开辟出休息区，为那些需要特殊对待的客户提供一个适当休息、调整的场所。总之，只有想不到，没有做不到。但是现实中，许多商业银行仍然把人性服务当成一种口号，提供的服务只不过是一种常规普通服务，与人性服务还相差甚远。什么样的服务才是严格意义上的人性服务呢？通常来讲，人性服务要满足以下几个条件。

1. 满足客户的尊严需求

尊严对一个人而言，似乎是最重要的。我们常常能够看到，一些人因为疾病、衰老等原因而逐渐丧失了尊严。例如，老人行走不便，盲人看不见道路，孕妇也需要特殊照顾等。因此，商业银行一定要把服务做细致，照顾到每一个人的特殊情况。比如许多商业银行没有厕所，客户想要上厕所该怎么办？许多商业银行不提供饮水，客户口渴了怎么办？盲人来商业银行办理业务，商业银行是否有盲文服务？总之，商业银行提供的服务一定要让客户的尊严需求得到满足。如果商业银行提供的服务无法满足老弱妇孺等各类人的尊严需求，这样的服务也就不是人性服务。

2. 让服务有差异

许多商业银行开展的服务是无差异服务，服务客户的内容都是一样的。这就不免让我们怀疑，难道世界上所有的人都是相同的吗？当然不是。因此商业银行需要去思考、重估什么样的服务才是有差异的人性服务。如今，许多商业组织借助大数据分析客户的喜好，并向客户提供有针对性的推送服务。也有一些商业银行拥有自己的客户数据库，这个数据库涵盖客户的所有信息，比如客户的姓名、家庭组成、工作单位、生活喜好、近期需求等。掌握了这些信息，商业银行就能够为客户提供个人专属的服务。有些客户内向，有些客户外向；有些客户是冲动型客户，有些客户则没有主见……针对不同的客户，商业银行要给出不同的方案和服务呈现方式。

3. 尊重客户的隐私权

信息时代，客户的资料总是能够通过其他渠道被泄露出去。商业银行必须要提供相关的服务，确保客户的隐私不被泄露。隐私就是一个人的秘密，是不可言说的部分。当一个人的隐私被泄露出去后，就有可能给这个人带来麻烦。商业银行有责任和义务帮助客户管理个人信息，防止其信息被泄露。事实上，许多信息泄露事故是内部人员造成的。因此，商业银行要加强风险管控工作，提升商业银行从业者的职业素质。

人性服务是一种难以执行的服务，它非常考验一个服务者的综合能力，比如一个人的应变能力，一个人的专业知识水平等。如果商业银行能够做好人性服务，也就能够留住客户，并因此树立服务品牌。

第七章

客户消费特点分析

客户分析的意义

有一位陶瓷工艺人，他在景德镇开了一家店专门经营高温陶瓷。这位工艺人的工艺水平很高，尤其擅长烧制青花瓷。陶瓷工艺人的名气虽然不大，但是客户遍布全国。

有一年，有一位北京客户来到景德镇，对这家店进行考察。事实上，这位北京客户早在半年之前就已经来过一次。这位陶瓷工艺人对这位北京客户印象深刻，记得当时他想要一批心经杯。于是，这位陶瓷工艺人主动向北京客户推荐："老板，您上一次说的心经杯，我烧了一批，如果您感兴趣不妨看一看？"事实上，北京客户就是冲着心经杯而来，于是欣然前往展厅。

北京客户看到心经杯之后便动了心，打算收购一批回北京售卖。于是北京客户问："你这心经杯拿货都什么价？"

陶瓷工艺人知道他会询问价格，如果他报价报高了，北京客户转身就会离开。因此，他专门打听了景德镇相同工艺的不同品牌、店面的心经杯的拿货价。于是他向北京客户报了一个非常实在的市场拿货价格，北京客户当场拿出三万元定金，决定订购五百只心经杯。

半个月后，北京客户收到了陶瓷工艺人发来的货，验完货之后便给陶瓷工艺人打电话："你家的货不错啊！如果我这边销量好，我希望与你长期合作。”

事实上，与这位陶瓷工艺人合作的许多客户都非常痛快，他们也一直认为：这位老板非常会做生意，不管是产品还是服务，都非常到位。与这位老板合作，心情很愉快。

为什么这位陶瓷工艺人总是能够提供精准有效的服务呢？如果我们仔细分析，就会发现里面的窍门。这位陶瓷工艺人总是对自己的客户进行细致分析，比如哪位客户需要什么样的产品，他们对产品的采购价格有什么要求，对其他服务又有什么具体的要求等。换句话说，他的精准服务秘诀是客户分析。

什么是客户分析呢？简单说，客户分析就是根据客户的数据来分析了解客户的特征和需求，从而为客户提供精准有效的产品或者服务。对于商业银行而言，分析自己的客户是非常有意义的，那么客户分析到底有哪些意义呢？客户分析的意义如下。

1. 盘活存量客户

一般而言，每一家商业银行都有大量的存量客户，这些客户属于需要进行持续激活。在商业银行里有这样一句话：“盘活存量客户比挖掘新客户更有意义。”事实上，商业银行的产品或者服务无法持续满足客户的需求时，这一部分客户的需求欲望会下降，因此就会变成需要激活的存量客户；如果商业银行的产品或服务能够持续满足客户的需求，这一部分客户就会处于长期激活状态。客户分析的目的，就是对存量客户的需求和要求进行盘点与分析，从而找到持续激活的突破口。

2. 转化新客户

许多商业银行都会面临这样一种尴尬：新客户来银行网点办理业务，办理过一次业务之后，便没有再来。造成这种现象的因素有两个：第一，客户对商业银行的产品和服务感到失望；第二，没有其他的相关业务。前一个因素，是商业银行的服务问题导致的；后一个因素，也是商业银行的服务问题导致的。因此，商业银行必须加强对这类新客户的客户分析的工作，了解新客户的需求和要求，与新客户保持长期的联系，适时邀请客户或者对客户进行精准信息推送。如果客户对商业银行推送的服务感兴趣，他们就会登门拜访。商业银行完全可以对新客户进行一次全面的盘点，并进行精准的服务推送。

3. 对服务进行改进

客户分析是一次分析整理的过程，也是一次内省的过程。某商业银行行长说："整理并盘点客户，我们就能够对比发现，我们在服务客户过程中存在的问题。比如，客户向银行提供的建议就是我们的整改方向。在日常经营中，我们常常忘记客户向我们提过的建议，因此也会忘记整改。为了解决这个问题，我们就要对客户信息、相关资料、意见等进行全面整理和分析，发现问题，解决问题。"商业银行也可以把客户分析过程看成一种复盘过程，就像温习功课一样，按时复习、检查、分析，才能找到自己的问题。每一次客户分析都能够对商业银行的服务进行一次改进和升级，从而给新老客户提供更好的、更具个性化和人性化的服务。

除了以上三大意义外，客户分析还可以对客户资料进行整理、留存。客户信息就是一家商业银行的资源，这个资源能够给商业银行带来源源不断的财富。商业银行要重视自己的客户资源，通过客户分析的方式定期对自己的客户资源进行盘点。只有这样，商业银行才能够利用好自己的客户资源，变客户资源为实际经营效益。

客户消费性格分析

不同的人有不同的性格，有的人性子急，有的人性子慢；有些人非常有主见，有的人总是希望别人帮他拿主意。因此，对待不同性格的客户，商业银行从业者就要提供不同的服务来满足他们的不同需求。当然，前期准备工作也是必不可少的，比如对客户消费性格进行分析。

一方面，商业银行要了解客户消费性格分析的主要依据。

客户消费性格是什么？就是客户在消费过程中展现出来的个性。俗话说："性格决定习惯。"有什么样的性格，就有什么样的消费习惯。有些客户非常感性，会对那些包装精美的商品产生消费的冲动，为了这些商品不惜一掷千金；有些客户则非常理性，选择商品之前都要经过一番深思熟虑，避免消费冲动。商业银行了解了客户消费性格的分析依据，才能够对客户群进行划分。这些依据主要有两个方面：一是客户的决策习惯；二是客户沟通交流的方式。

客户的决策习惯完全是由性格决定的，有些客户做决策非常果断，有些客户做决策就没有那么果断了。根据客户的决策习惯，商业银行就能够把客户大体分为两个类型：决策果断型和决策非果断型。

客户沟通交流的方式也受性格的影响，有些客户爱说话，有些客户不爱说话；有些客户非常积极并善于沟通，有些客户非常被动且不爱接受对方的信息。客户沟通交流的方式有很多，大体上可以划分为内向型、外向型，还可以划分为表达型、倾听型。

另一方面，商业银行要了解以下常见的四种性格类型的客户。

如果细致划分，恐怕每一名客户就代表着一种类型。商业银行为了满足自身的管理、经营需求，就需要对客户性格类型进行进一步归纳，根据客户消费性格，客户被大体分为四类，即分析型客户、支配型客户、和蔼型客户、表达型客户。

分析型客户就是喜欢分析的一类客户，这一类客户非常理性，喜欢分析。比如，他们喜欢用数据说话，或者希望银行客户经理拿出数据或者有价值的资料去说服他们。这类客户做决策时并不是很果断，而是常常说："不着急，让我想想再说。"与这类客户交流，着急是没有用的，只能跟着他们的思路，适时地为他们提供相关证据和数据，以打消他们不断产生的疑惑。换句话说，着急做决策完全不是他们的风格，他们的风格是从长计议。另外，这一类客户在沟通过程中，情感的起伏波动非常小，几乎难以从脸上发现他们对某个产品或服务的偏好。商业银行从业者唯有等待机会，或者继续耐心引导。

支配型客户是目的性非常强的一类客户，这类客户完全根据自己的需求进行决策，一旦认定一个商品或者一种服务，就会果断选择。因此，这类客户做决策是非常果断的，而且不喜欢拖泥带水。他们一旦做出了决定，几乎不再进行改变。这类客户外表非常冷静，在沟通谈话中也不会轻易表露自己的喜好。他们更像是倾听者，会要求银行客户经理进行各类产品的讲解，自己只是做选择题而已。由于这类客户有较强的目的性，如果他们找到并发现自己喜欢的产品，就会通过提问等方式，对该产品进行非常详细的了解。

和蔼型客户也是较为常见的一类客户，这类客户非常善于聊天沟通，而且性格非常外向，对自己喜欢的产品也不吝惜溢美之词。总之，这类客户看上去非常好，也非常对商业银行客户经理的胃口。但是，这类客户并不是决策果断型客户，反而会非常迟疑，不知道如何进行选择。有一些客户会说："哎呀，这几种产品都不错，就是不知道选择哪一种最好。"在这个时候，需要商业银行客户经理给他们提供决策建议，辅助他们进行决策。当然，这一类性格和蔼的客户并不会因为客户经理的辅助决策而发脾气。因此，商业银行客户经理遇到这样的客户时，在客户决策困难时，应该适当地辅助他们进行决策。

表达型客户是一类非常有主见且擅长表达的客户，这类客户性格外向，对商业银行的产品和服务都有自己的看法和主见，商业银行客户经理很难用自己的思路去影响他们。这类客户做决策也非常痛快，只要是他们认准的事情，就会迅速决定。这类客户最大的特点是：要么买，要么不买。他们在沟通过程中，能够流露出对某个产品的喜好或者厌恶。他们常说的一句话是："等等，你再把刚才那个产品介绍一下，我对刚才的那个产品比较感兴趣。"他们说出这样的话时，离决策也就不远了。

四种性格类型的客户需要商业银行客户经理提供四种不同的服务方式，而且要在服务过程中观察客户情绪上的变化。只有采取不同的服务策略，商业银行客户经理才能将客户的需求转化为购买决策。

客户消费偏好分析

世界上没有相同的两个人，人们的生活习惯、性格爱好也都不尽相同。有些人喜欢买贵的并固执地认为贵的就是好的；有些人喜欢买性价比高的并坚持自己的"高性价比代表一切"的观点；有些人喜欢便宜货，他们认为贵的不一定好，好的不一定贵；有些人喜欢新的，他们认为用新产品才有面子。总之，每一个人都有不同的消费偏好。不同的消费偏好代表客户对商业银行产品和服务有不同的看法和态度。

消费偏好是人们对某种商品、服务等表现出一种特殊的情感并愿意掏钱购买它。张某自从买过一台海尔空调之后，便对海尔电器产生了一种莫名的好感，他去家电城购买家电时，会特意去海尔专柜挑选家电，比如海尔电视机、海尔洗衣机、海尔热水器等。有人问："你为什么选择海尔而不选择其他品牌呢?”张某回答:“可能是一种偏好吧。在我的心里,海尔就是值得信赖的品牌,海尔家电的质量也能够经得起考验。”

这就是一种消费偏好,消费偏好具备三个特征。第一,习惯性。消费偏好是一种典型的习惯,这种习惯能够直指一个结果。第二,方便性。消费偏好的存在会让客户将自己喜好的商品排在首位,只要该商品存在,他就会选择这个商品且购买决策果断直接。第三,品牌性。许多人偏爱各种品牌,只要品牌够响亮,品牌的名气足够大,就能够吸引他去购买。

消费偏好是客观存在的,对于客户而言,消费偏好是一种主观偏好,这种偏好具有一种难以被影响、改变的特质。对于商业银行而言,想方设法将客户的偏好进行分类,有助于商业银行相关业务的开展。通常情况下,按照客户消费偏好划分,可以将客户划为四类,即分析型客户、主导型客户、融合型客户、追新型客户。

1. 分析型客户

分析型客户最大的特点就是爱分析,不管是产品还是服务,他们都会认真分析。分析型客户分析的方向主要有三个。第一个方向是分析产品或服务的特点、用途等。他们分析产品的特点和用途,就是为了进一步匹配自己的需求,只有符合需求的产品,他们才会适当关注。第二个方向是分析产品的性价比,言外之意,只有物有所值的产品才适合他们。第三个方向是分析自己能够支付的金额,只有产品的价格打动他们时,他们才会购买。对待这类客户,商业银行客户经理要有足够的耐心和对银行产品有足够的理解和认识,才能准确无误地给客户答案。

2. 主导型客户

主导型客户的最大特点就是自己主导一切,不管商业银行客户经理如何说，都必须按照客户的要求去做。主导型客户有四个特点。第一个特点是自己做主，自己说了算，其他人不要插话。第二个特点是要求身边所有的人都要听他的，并且按照他的要求去做，并有一种“上帝”或“皇帝”的派头。第三个特点是固执，甚至有些顽固，因此商业银行客户经理要顺着他的脾气，才能满足他的要求。第四个特点是具有说一不二的权威性，任何人都不能干涉他，影响他，他具备支配一切的能力。这一类客户通常脾气非常急躁，商业银行客户经理要听从客户的提示，不要催促客户，更不要与客户顶撞。

3. 融合型客户

融合型客户最大的特点就是性格开放，包容能力非常强，能够与商业银行客户经理迅速打成一片。这类客户有三大特征。第一个特征是非常有礼貌，喜欢与商业银行客户经理进行交流。第二个特征是这类客户非常乐于分享自己的感受，比如感兴趣的一类事情，或是发生在自己身上的事。第三个特征是能够送礼物给关心他的人。融合型客户需要商业银行客户经理的热情款待，并希望客户经理能够给自己提供更好、更多的建议。这类客户性格好，大多数人喜欢与这类客户打交道。

4. 追新型客户

追新型客户最大的特点是喜欢新事物，喜欢有特色的、能够体现个性的商品或者服务。这类客户也有三大特征。第一个特征是喜欢新生事物，比如新产品，只有新产品才能满足客户的需求。第二个特征是喜欢追赶潮流，大家喜欢什么，他们就会喜欢什么。第三个特征是爱面子，这类客户购买新产品就是为了显示其拥有而已。因此，商业银行客户经理要学会介绍客户感兴趣的事物，与此类客户讲话时还要轻松一点，幽默一点。

如果商业银行能够按照消费偏好将客户群进行细致划分，就能够向不同类型的客户提供不同类型、有针对性的服务。

客户消费特征分析

服务是一个需要内外兼修的技术，外部技术是服务的礼仪，内部技术是对客户的了解和掌握。曾有一位不喜形于色的客户，想要了解一款普通理财产品。为他提供服务的客户经理虽然外在礼仪式服务做得很到位，但是推荐了几款产品都无法令客户满意。最后客户生气了："我要的是普通的理财产品，无风险的；你向我推荐的都是有风险的。"可见，如果客户经理不了解客户的消费特征，恐怕难以为客户提供精准有效的服务。

对于提供服务的人而言，修炼"内功"是必不可少的。一位商业银行行长认为：银行人员要拥有一双透视眼，能够清清楚楚地看到客户心里装着什么。了解自己的客户，才能服务客户。如果我们连客户都不了解，就只能完全靠运气了。事实上，拥有这种运气的概率极低，大多数客户会对这种"不靠谱"的推送服务感到厌倦。因此，商业银行要按照客户消费特征对客户群进行分类。按照客户消费特征，商业银行的客户有八类，即果断型客户、冲动型客户、务实型客户、周全型客户、沉默型客户、犹豫型客户、怀疑型客户、激动型客户。

1. 果断型客户

果断型客户就是做事、做决策非常果断的客户，他们十分爽快。在他们的字典里只有两个答案：行或者不行。这一类客户有明确的需求，知道自己去商业银行到底要买什么。甚至他们也会直截了当地说："经理，我想要一款产品满足我的这些需求。"因此，商业银行客户经理只需要给他介绍产品，不需要再给他提供建议了。果断型客户坚信自己的想法，对其他人的想法不感兴趣。

2. 冲动型客户

冲动型客户同样具有做事、做决策非常果断的特点，但是与果断型客户有所不同，这类客户显然是非常冲动的，没有耐心。比如，某客户来商业银行办理业务，见商业银行客户经理还没有拿出方案，便催促客户经理："时间是宝贵的，我还有别的事情要做，你抓点紧！"如果此时，客户经理给出了方案，问题就解决了；如果客户经理没有快速给出方案，这类客户有可能抬腿就走。

3. 务实型客户

务实型客户的特点就是务实，忠于自己的内心需求，并对一切不符合自己内心需求的推荐持拒绝态度。他们对产品或服务的实际信息更加感兴趣，信息质量越高，对他们的影响力也就越大。务实型客户属于偏保守的客户，想要给他们提供良好的服务，客户经理也要务实一点，低调一点，注重产品性能、规格等方面的讲解。

4. 周全型客户

周全型客户是一种思虑周全的客户，万事都要搞明白才行，绝不当蒙在鼓里的"冤大头"。这类客户对产品的各种信息非常敏感，对自己不了解的事情绝对不会轻易下决定。因此，他需要商业银行客户经理的全面配合，比如需要客户经理对一些他不了解或者不明白的问题进行进一步解释，甚至还需要客户经理辅助他们去做决策、做选择。

5. 沉默型客户

沉默型客户大多沉默寡言，喜欢思考，不喜欢说话。在沟通谈判中，沉默型客户充当着倾听者的角色。值得注意的是，这类客户在倾听过程中并非照单全收，而是会选择性地听，只听对自己有意义的信息。因为难以判断这类客户的需求转变，这就需要商业银行客户经理耐心一点，乐观积极一点，全情投入去讲解。

6. 犹豫型客户

犹豫型客户就是犹豫不决的客户，这一类客户最不容易做出决策，需要做决策的时候反而举棋不定了。他们一方面担心自己的决策出现错误，另一方面还担心商业银行不能满足自己的需求。这种矛盾纠缠着他们，让他们不安。因此，商业银行客户经理要提供为他们拍板的服务。这类客户需要一个助手，这个助手恰恰就是客户经理。

7. 怀疑型客户

怀疑型客户具有一大特色心理：敢于怀疑一切。当客户经理热情地向他推荐一个成熟的、好的产品时，他会立刻反问：“既然你说它好，它到底好在哪里呢？除非你能当场给我一个答案，或者做一次现场演示进行证明。”这一类客户只相信自己的眼睛，不相信其他人的说辞。想要打动他们，商业银行客户经理就要按照他们要求的那样去展示。

8. 激动型客户

激动型客户也是非常常见的一种类型。这类客户喜欢辩论，甚至不相信商业银行客户经理能够为他们推荐更合适的产品，除非客户经理能够说服他们。但是需要注意的是，说服与抬杠完全是两码事。在与这一类客户进行讲解时，态度一定要客气一点；否则，他们将对你不客气。

上述八类客户，几乎涵盖了商业银行客户中的所有类型。当然，还有一些其他类型的客户需要商业银行从业者发现并进一步划分。

客户消费需求分析

客户踏进商业银行，必然是带着内心需求来的。他们的需求虽有不同，但是都需要商业银行提供必要的商品和服务。客户的消费需求能够拉动商业银行的产品、服务的营销，进一步推动商业银行的发展。换句话说，客户的消费需求是一座宝库，合理有效地挖掘出客户的需求，对开展开门红活动非常有必要。因此，商业银行必须掌握客户的消费心理，并对客户的消费需求进行分析。

客户到底有哪些需求呢？如果按照马斯洛的需求层次理论去解析，客户应该有五个方面的需求，即生理需求、安全需求、社交需求、尊重需求、自我实现需求。客户的这些需求，商业银行能否满足呢？

生理需求，就是一个人的衣食住行需求，商业银行能够提供与客户的衣食住行相关的银行基础服务，比如基础存款、汇款、转账、缴费等服务。安全需求，就是人身安全、健康保障、财产安全等方面的需求，很显然商业银行能够给予财产安全方面的服务和帮助。社交需求，就是一个人的亲情、友情、爱情等需求，商业银行客户经理如果能够成为客户的忠实伙伴，就能与客户做朋友，成为客户的社交需求的对象。尊重需求，就是指一个人能否被尊重，商业银行提供的服务就是一种以尊重客户为前提的人性化服务。自我实现需求，特指一个人的价值观形成需求，这需要商业银行提高品牌形象、扩大社会影响力，以一种正面形象树立起标杆，具备引导作用。

马斯洛的需求层次理论是一种简要解析法，还有一种 $APPEALS 分析法更值得商业银行去学习、借鉴。$APPEALS 分析法是 IBM（国际商业机器公司）推出的一种客户需求分析法，它主要从八个方面对客户消费需求进行分析。

价格（$）：任何一个客户都有自己的心理价位，心理价位因人而异。有些人喜欢贵的东西，有些人喜欢便宜的东西，有些人喜欢性价比高的东西。因此，商业银行客户经理在服务客户的时候，尤其要关注客户对银行产品价格的认识和判断，并从中得出结论，然后再对客户进行精确价位的产品推介，做到有的放矢。

保证（A）：对于客户而言，产品的质量好坏是其决定是否购买的重要标准。如果产品质量得不到保证，客户会在第一时间做出决定，拒绝该产品。如果产品质量能够得到保证，客户就会结合产品价格、产品的使用价值、产品的使用周期以及自身需求的紧迫性做出决策。对于商业银行而言，商业银行的产品并不是物理属性的产品，产品质量不存在问题。

性能（P）：一款优秀的产品，不仅要有合格的质量，还要具备说明书所呈现出的整体性能。如今，有些客户颇有微词，他们认为：许多商品的实际性能与商家描述的产品性能有较大出入，这是一种欺骗。商业银行客户经理一定要如实、诚恳地向客户介绍产品的性能，不要夸大其词。

包装（P）：一款优秀的产品，通常也有精致而典雅的包装。现实中，绝大多数的人对于包装精美的商品感兴趣。俗话说："人靠衣装。"产品同样也靠包装。尤其是女性客户，对产品包装的需求更加强烈。拥有精致而典雅的包装的商品，能够给客户带来愉悦感。

易用（E）：如今，许多商家想尽一切办法对产品进行技术升级，从而让客户获得更加简单易用的操作程序。对于商业银行而言，借助人性化的服务不断给客户解决后顾之忧，是非常有必要的。

可获得性（A）：市面上的商品，有许许多多的类型，获得的渠道和获得的难易程度也不同。比如，畅销品是数量非常多且获取渠道非常直接的；限量品的数量就非常少了，获取渠道也十分有限。商业银行有畅销品也有限量品，客户对这两类商品有不同的心理需求。

生命周期成本（L）：任何一名客户都希望自己购买的产品具有较长的生命周期，使用的时间越长，使用的成本就越低，也就能够帮助自己节省一部分开支。对于商业银行而言，提供高质量、高性能的产品是非常重要的，更重要的是，商业银行还要提供售后服务，用服务的方式延长产品的使用寿命。

社会接受程度（S）：一款产品的社会接受程度也会对客户的购买行为带来影响。商业银行提供的产品通常都是经过严格论证推出的产品，社会接受程度较高。

目前，分析客户消费需求的方法还有很多种，商业银行也可以从实践中摸索并总结掌握一套新的方法。无论如何，对客户消费需求进行分析是非常重要的一项工作，这样做的目的就是给客户提供更加精准有效的服务。

客户购买动机分析

俗话说："需求决定动机。"如果一个人产生了某种需求，就会因需求而产生某种动机。某人上班赚了工资，到了月底工资没有花完，剩下了不少钱。于是他就产生了一种银行存款的需求，在这种需求的作用下，他会去商业银行跑一趟，把剩余的钱存到银行里。购买动机就是一种购买的欲望，欲望就是欲求和愿望的结合。人饿了就会去吃饭，渴了就会去喝水，病了就会去看病。一个人一旦形成了一种动机，多半是要行动的。

1. 购买动机的特点

每一个人的购买动机或许都不同，但是购买动机却有相似的几个特点，因此需要商业银行从业者了解和掌握。

迫切性：如果一名客户看到另一个人把钱存进了银行，而他手头上恰恰有这样一笔需要安全保管的现金，他就会快速产生一种存款动机，这种动机非常迫切，督促他越早完成越好。

模糊性：有时候，一个人可以同时产生很多动机，这些动机可能具有相似且交叉的特点，难以用一个词、一句话进行形容。当这些动机共同作用到一个行为上，就会给人带来一种“分辨不清”的感觉。

内隐性：有些人购买一件东西只是为了满足自己的虚荣心而已，但是理智和道德还会告诉自己，这样的动机需要隐藏起来，不能让其他人知道，或者说，这是一种并不想让他人发现的动机。

可变性：人是一种变幻莫测的动物。一个人总在“时空”中变化，造成这种变化的因素有许多，比如喜新厌旧、新奇刺激等，当一个更有趣的东西出现时，有可能会改变原有的动机，转向另一件事。

矛盾性：人是一种“矛盾综合体”，总会与自己较劲、对抗。事实上，造成这种矛盾的原因，就是动机。比如，一个人想要买一件裘皮大衣，而且购买欲望非常强烈；后来他又喜欢上了皮夹克，也想要购买。但是他个人的资金能力使他不可能同时购买两样，只能“鱼与熊掌”择其一，在选择过程中就会产生一种不可调和的矛盾。

2. 按购买动机对客户进行分类

按购买动机对客户进行分类后，可发现客户有三种主要类型，即理性型、感性型、偏好型。

理性型：理性型的客户的最大特点，就是选择产品和服务时非常理性，能够克服不理性的因素对他的干扰。理性型的客户有四种购买动机。第一种，求实动机。求实动机就是追求商品的实用价值，没有实用价值或者实用价值不高的商品就被他直接抛弃了。第二种，求廉动机。求廉动机就是追求低价或者高性价比的商品，理智的客户手里总有一个计算器。第三种，求便动机。当今社会，生活节奏非常快，人的生活与工作时间是非常紧张的，求方便也是一种理智的选择。第四种，求安动机。理性的客户非常重视商品的质量，只要质量过硬，就符合其需求；质量不达标，就不符合其需求。

感性型：感性型的客户与理性型的客户有所不同，他对产品的其他属性有着自己的偏好。感性型的客户有五种购买动机。第一种，求同动机。求同动机就是一种与他人消费同步的心理，别人买了，他也想跟着买。第二种，求新动机。许多人都有追求新潮和时髦的想法和需求。第三种，求名动机。许多人购买一个产品是为了显示其身份和地位，比如购买奢侈品等提高自己的地位。第四种，求美动机。许多人购买商品，是被该商品的艺术性包装吸引，抑或对艺术类的商品更感兴趣。第五种，好胜动机。俗话说："人人都有攀比心。"现实中，人的攀比心能够作用到消费环节中。

偏好型：许多客户也有一种消费偏好，如果他喜欢一家银行，只要办理银行业务他就会选择这一家银行。商业银行想方设法与客户建立信任关系，就是为了让客户产生这样一种消费偏好。某客户说："既然有一种信任在里面，为何我们还要选择其他银行或者其他产品呢？"

如今，许多商业银行采取问卷调查法调查客户的消费动机，通过客户填表的方式进行收集、归纳、整理。如果商业银行知道了客户的消费动机，也就能够采取科学的心理引导法引导客户选择购买适合自己需求的产品。这种引导，同样也是一种服务。

客户购买行为分析

一个人有了需求和动机之后，未必会马上产生购买行为。只有在自身条件许可的情况下，购买行为才会产生。有一位年轻人想要买一个苹果手机，但是这位年轻人收入偏低，而且没有攒下钱，根本无力支付购买苹果手机的费用。在这种情况下，年轻人就会放弃这样的想法，选择购买价格便宜一点儿的手机。如果这位年轻人有一定的积蓄，支付苹果手机的费用绰绰有余，那么他就会果断行动，寻找购买苹果手机的渠道。

一个人的购买行为是一系列动作行为，或者说是一个购买程序。通常来讲，客户的购买行为有五个阶段，即需求确认、信息收集、方案评价、购买决策、确定购买。

1. 需求确认

每个人都会产生各种需求，只不过这些需求中，有的比较紧迫、比较重要，有的并不那么着急，有的甚至可有可无。衣食住行需求是一个人的基本生活需求，这些需求是必须要落实的需求，而其他需求可能就没有那么迫切。另外，人们也会衡量自己的条件，看自己是否具备一定的购买能力。只有具备了这种购买能力，才会选择购买，或才能确认这是一种可以实现的需求。需求确认同样也是一个反复的过程，当需求得到确认之后，才能进入信息收集环节。

2. 信息收集

如今，收集商品信息的渠道有很多，收集的相关信息涉及产品的规格、价格、质量、使用年限、使用方法、收益率、有无替代品等。只有当所有的商品信息都一一落实到位，一个人才会选择购买或者进入购买方案的设计环节。通常，客户收集信息的来源有以下几种。

个人信息来源：亲朋好友、同事、邻居、商业银行的工作人员等。

商业信息来源：广告、展会、社区服务、沙龙等。

经验信息来源：对相关产品的熟悉和相关的实际操作经验，对该类产品有信心。

公共信息来源：消费者环评机构，大众媒体等。

网络信息来源：浏览相关网站进行查询等。

通过上述信息来源，客户通常能够收集到对自己有价值的产品信息，这些信息能够帮助他们进行购买方案的评价工作。

3. 方案评价

每个人的评价方式不同，有的人喜欢高质量、高价格的商品以满足自己更加高级的品位；有些人喜欢性价比高的商品，因此他会货比三家，将许多类似的、可相互替代的商品进行对比，找到最适合自己的商品；有些人则完全喜欢低价商品，只要价格低廉，也就符合了要求；有些人喜欢包装精美的商品，完全根据包装的精美程度对商品进行评价。在这个方案评价过程中，人们会根据自己的兴趣、收入水平等实际状况进行选择。方案评价过程是一个非常重要的过程，它关乎一个人的最后决策。

4. 购买决策

购买决策阶段是整个消费行为中最重要的阶段，客户决定购买也就会顺利付款，取消购买也就会终止这一次的购买行动。通常来讲，客户会采取一种优中择优的方法从大量产品中选择一款最适合自己的。如果找到了这样一款产品，客户就会立刻购买吗？不一定！如果一次性投入的资金较多，客户会进行再三权衡。如果确定购买了，才能进入第五个环节。

5. 确定购买

客户虽然决定了，但是未必会痛痛快快地进行购买。正如一位客户所言：

“对于一个新产品、新事物，我绝不会押上全部的身家；或许，我只会尝试购买一点看看，如果有效果，我再加大投入。”客户确定购买之后，也有两种购买选择方式，即尝试购买、重复购买。

尝试购买：对于自己不熟悉的、不确定的商品，在强烈需求的驱使下，在不得不购买的条件下，客户很有可能会少量购买，然后进行观察。这样做的目的，就是降低投资风险。

重复购买：重复购买是建立在尝试购买的前提之上的。如果尝试购买之后，客户尝到了甜头，就会进一步追加投资；如果尝试购买后，客户没有尝到甜头，也就不会继续追加投资了。重复购买，是建立在一种信任基础之上的。有了信任，重复购买行为才会出现。

另外，客户确定购买并签订合同之后，还会继续关注自己的购买行为和购买需求。如果商业银行能够提供良好的售后服务，客户就会选择重复购买或者加大与商业银行的合作力度；如果商业银行不能够提供令客户满意的售后服务，客户就会放弃下一步的合作，重新选择合作银行。

第八章

客户服务的标准

客户服务糟糕的因素

在商业银行中，每个员工都希望能够服务好客户。客户是上帝，是商业银行的“金主”，客户如果对商业银行提供的服务感到满意，就会购买商业银行的产品，进而成为商业银行的长期客户。但是，也有部分商业银行在客户服务方面做得不到位，这就需要这些商业银行查找其客户服务糟糕的因素。

客户服务糟糕的因素有很多，不能把所有的客户服务糟糕的“黑锅”都让服务人员去背。大概有以下五种客户服务糟糕的具体因素。

1. 客户经理不知道商业银行让他们提供什么样的服务

某商业银行客户经理说：“我进银行之后，银行并没有组织员工进行过服务方面的培训。我们给客户提供服务，完全是个人对服务进行认识，并将这种自我理解的服务传达给客户。”换句话说，商业银行没有组织过与服务相关的统一培训，甚至也没有与服务相关的任何标准。抑或商业银行有相关标准，但是管理者管理缺失，并未将该标准传达下去。如果服务人员不知道商业银行的服务标准，也就无法向客户提供标准化的、具有特色的服务。由此可见，商业银行组织与服务相关的培训课程是非常重要的，应通过培训的方式向员工传递银行的服务理念、服务标准、服务要求。

2. 客户经理不知道什么样的服务才是优质服务

服务通常可划分为两个程度，即普通服务和优质服务。如今，还有一些商业银行对服务划分得更加细致，比如开门红培训课程的一个特色：星级评判标准。许多商业银行引进了该标准之后，推行星级服务，从一星服务到五星服务，服务星级越高，服务质量也就越高。这是一种服务的划分标准，更是一种服务的评判标准。有了这样的标准，客户经理才知道什么样的服务是优质服务。目前，还有一部分商业银行没有这样的星级评判标准，只有“服务”二字。如果商业银行的管理者只向客户经理强调“服务”二字，而没有强调“星级服务”四个字，客户经理也就不知道什么样的服务才是优质服务。

3. 有些商业银行从业者不适合做服务

这样的现象也非常普遍，并不是所有的人都适合做服务。这个问题，可能出在商业银行的人力资源管理方面。还有一些商业银行宣传这样一种理念：所有银行人都是客户身边的服务者。现实中，许多人并不适合从事与服务相关的工作。某商业银行有一位工作人员叫小张，她一直从事档案、文件管理工作。后来岗位调整，她来到前台做服务。但是小张非常头疼，她说：“我是一个不喜欢与人打交道的人，以前从事档案管理也是因为性格原因。”小张服务一个月，被客户投诉了三次。投诉的理由是：小张服务不到位，服务态度有问题。归根结底，这与小张无关，而是与该商业银行的人力资源分配有关。正确用人，是让合适的人出现在合适的位置上。

4. 商业银行缺乏奖励机制

如果一个人长期得不到鼓励，会怎样呢？某心理专家给出答案：如果一个人长期得不到鼓励，他会产生一种厌倦感，工作质量开始下降，开始用敷衍的态度应对工作。如果一家商业银行缺乏与服务相关的激励制度或者奖励机制，许多员工就会感到失望。他们会认为：服务好与服务坏都是一样的，为什么我还要费那么大的劲去做好服务呢？因此，他们会把服务的标准尽量降低，把服务当成一项普通的岗位工作，即客户要求服务时再提供服务。换言之，这种服务是一种缺乏动力的服务，是一种被动服务。商业银行要想解决这样的问题，就需要制定与服务相关的激励机制。

5. 商业银行缺乏对员工的尊重

如果一个人连尊重需求都没有得到满足，必然会产生消极的情绪。如今，绝大多数的商业银行能够做到尊重员工，但仍有个别商业银行的管理者对员工不尊重。某商业银行管理者非常年轻，甚至有些“年少轻狂”，他对许多老员工要求苛刻，并且常常对老员工说：“不要倚老卖老，更不要躺在功劳簿上睡大觉。这家银行离开了谁都能转。”许多老员工认为，这位年轻的管理者瞧不起人，自己根本没有得到应有的尊重。因此，有一些老员工赌气，甚至在服务客户的过程中将这种坏情绪表达了出来。

或许客户服务的糟糕因素还有许多，还需要商业银行的管理者去发现，而以上五种因素都需要商业银行的管理者想办法解决。商业银行只有提供服务标准，加强对相关员工的服务培训工作，尊重员工，鼓励员工，才能够把服务客户的工作做好。

标准化服务的意义

如今，许多商业银行都在推广标准化服务。标准化服务的最大特点就是“标准”二字。众所周知，服务原本只是一种人的无私活动，这种活动并没有任何标准。服务得多一点是服务，服务得少一点也是服务。如果将服务纳入现代管理中的一个环节，就需要将服务进行标准量化。事实上，服务需要有一个标准，有了标准的服务才具备可衡量的价值。标准化服务涵盖标准化的服务时间、标准化的服务质量、标准化的服务管理、标准化的服务投诉、标准化的服务建议、标准化的服务形象、标准化的服务流程、标准化的服务用语、标准化的服务技能、标准化的服务礼仪等。

某商业银行开展标准化服务，要求银行员工用统一的、标准化的服务形象服务客户。换句话说，该商业银行所有的员工提供的服务，都是一种经过训练的、统一的服务，这种服务整齐划一，既能够体现礼仪，也能够让客户感受到商业银行的职业气氛。

有一名老客户说："银行开展这样的服务非常好！许多年前，我来银行办理业务，老王提供的服务是一个样，老李提供的服务是另一个样，有的服务好，有的服务差，服务质量因人而异，参差不齐。如今，老王、老李提供的服务都是一样的，服务质量也更有保证。"客户给了银行更多的正面评价，也是对银行开展标准化服务的一种最大肯定。通过开展标准化服务，该商业银行大大提高了服务质量，重新树立了商业银行的品牌形象。

服务好不好，到底谁说了算？当然是客户说了算！如果客户认可了标准化服务，就说明标准化服务极有意义和价值。商业银行塑造标准化服务应注意以下几点。

1. 塑造标准化的服务形象

没有标准化的服务形象，每人一张"脸"。小李提供的服务，就是小李的服务形象；小王提供的服务，就是小王的服务形象。如果小李和小王提供的服务质量不同，那么这两者的服务形象也将有差别。客户总喜欢找服务更到位的员工，而服务质量较差的员工，恐怕就会面临较为尴尬的境遇。事实上，标准化服务就是让这些不同的服务形象拥有一张相似的面孔，也就是标准化服务的面孔。当客户看到这张面孔，就会立刻联想到商业银行的服务。商业银行是一个服务型单位，提供标准化服务是理所应当的。标准化服务，就是商业银行的一张名片，这张名片就代表着商业银行的服务形象。

2. 塑造标准化的服务用语

标准化不是表面的标准化，而是由内而外的标准化，从统一着装，到统一用语。某商业银行在没有推行标准化服务之前，客户经理服务客户完全按照自己的一套话术开展工作。比如，老王是一个非常外向的人，如果遇到比自己年龄小的男性客户，就会直接说："伙计，你想办什么业务?"老李则是性格很内向的人，他便会问："先生，您想办什么业务?"如果该商业银行规范标准化的服务用语，就会是完全不用的景象。老王和老李都会用一种商业银行规定的标准化的服务用语对客户进行服务。用先生代替伙计，用规范的称呼代替不规范的称呼。服务用语上的统一，同样也是一种礼仪，一种文明。

3. 塑造标准化的服务技能

服务技能有很多种，有成熟的技能，也有创新的技能。商业银行客户经理向客户提供服务的过程，就是使用服务技能的过程。某商业银行客户经理与客户进行沟通时，该客户经理采取了一种引导式沟通的方法，通过提问引导，一步一步接近客户，并与客户建立信任关系。还有一些客户经理则完全按照自己的沟通方式与客户进行沟通，这或许会带来很好的结果，也或许会让客户反感，从而终结沟通。采取非标准化的服务技能，通常就会带来或好或坏、不确定的结果。很显然，商业银行是不需要坏结果的。因此，商业银行需要对客户经理使用的服务技能进行有效统一，然后将标准化的服务技能教给客户经理。除了标准化的服务技能之外，还应统一标准化的服务程序和标准化的售后服务等。

当然，商业银行推广标准化服务也是商业银行采取科学化管理、标准化管理的一种手段，同样也是商业银行进行服务改革的一种方式。标准化服务是一种可以纳入绩效管理体系的服务，只有这样的服务才具备可复制、可培训、可传递、可建模的特点。

客户服务者的品质要求

服务工作是一种体现人品的工作。如果一个人没有人品，恐怕也无法体现服务的精髓。

有一位年轻人，从事客户维护工作。但是他有一个毛病：口无遮拦。有一次，有一位女客户上门，年轻人接待了她，并为她提供服务。起初，年轻人的服务非常到位，甚至一口一个“姐”，女客户听了之后非常高兴。年轻人的热情也打开了女客户的话匣子，女客户便跟年轻人聊起职场里的趣事。

年轻人听得十分起劲，也开始聊起自己对公司的看法：“姐，我们公司也是一样！人虽然不多，但是就像一个小社会，人人都想尽办法抱团取暖。我这个人，更喜欢独来独往。跟那些人一起，多没意思啊。”女客户也对年轻人发起了牢骚，讲了一些发生在自己身上的故事。当然，如果故事按照当前的“剧本桥段”发展下去，女客户很有可能因为个人身上的“糗事”，与年轻人成为无话不谈的好朋友。

但是问题也随之而来。年轻人发完牢骚之后，女客户对年轻人说：

“既然你的公司这么差，你为什么还不辞职离开?”年轻人非常尴尬，无言以对。女客户给年轻人提出建议：“既然走不了，就好好工作，好好服务客户吧，嚼舌头可并不好。”很显然，女客户开始质疑年轻人的人品，而且并没有就此埋单的意思。

一个纯粹的服务者，不应该抛开服务而讲述一些服务之外的事情。很显然，这位年轻人并没有做到这一点，而是在服务过程中暴露了自己的人品。换句话说，嚼舌头可不是人品好的体现。那么商业银行客户服务者要具备哪些宝贵的品质呢？主要有以下五种。

1. 有宽容之心

一名优秀的服务者，要有一颗宽容之心。客户做错了，服务者要宽容；客户的脾气很坏，服务者要宽容。莎士比亚在《威尼斯商人》中表示：宽容就像天上的细雨滋润着大地。它赐福于宽容的人，也赐福于被宽容的人。服务者的宽容要在客户的宽容前，让客户感受到服务者的胸怀。倘若服务者是一个“以小人之心度君子之腹”的人，总是跟客户斤斤计较，就会令客户十分反感。

2. 有同理之心

“同理心”三个字是从事服务行业的人常常听到的，同理心与同情心有所不同，同理心更能体现换位思考。换言之，拥有同理心的服务者总能够站在客户的角度上思考问题，也就能够“思客户之所思，忧客户之所忧”。事实上，客户来商业银行办理业务，一方面希望得到产品和服务上的支持，另一方面希望得到商业银行的理解。就像某客户所言：人人都渴望得到理解。一名银行客户经理能够理解自己的客户，这也是客户莫大的幸事。

3. 有诚实之心

人要诚实，诚实就是诚恳与老实。有一些银行客户经理说得很好，却给客户留下一种“虚头巴脑”的印象。一位客户说：“我来银行是办理业务的，不是来听快板的。你就实在一点，告诉我业务怎么办，哪种产品适合我就够了！”自以为聪明的人，往往是没有好下场的，世界上最聪明的人是老实的人，因为只有老实人才能经得起事实和历史的考验。事实上，服务是“诚恳+老实”的服务，而不是油腔滑调的服务。

4. 有热情之心

商业银行都在提倡热情服务，热情是一种温度，给客户提供热情的服务，才能够让客户感受到商业银行的温暖。人是一种恒温动物，需要温暖。只有温暖，才能够给人带来积极的变化。如果商业银行客户经理提供的服务是一种“冷服务”，说话很冷，表情很冷，一切都是冷的，就会给客户留下一种不热情、不欢迎的印象。商业银行不仅要提供热情的服务，而且要提供周到的服务。客户感受到了这种热情周到，自然会做出积极的回馈。

5. 有承诺之心

商业银行是一个信用机构，信用就是一家商业银行的灵魂所在。商业银行客户经理需要将这种信用发扬光大，并通过服务传递出去。什么是信用呢？就是承诺客户的，一定要坚持做到。如果只是承诺，而无法兑现，这就是给客户提供了一张“空头支票”。当然，如果有些事情是做不到的，就需要提前告知客户，某某事情存在不确定性，可能无法实现某个结果。客户知道你是无法承诺的，也不会因此怪罪你。不向客户轻许承诺，同样也是一种真诚的表现。

除了以上“五颗心”，商业银行从业者还要养成良好的服务意识。接待客户的时候，要快速切换到服务模式。只有这样，商业银行从业者才能把服务工作落实到位。

客户服务的五大标准

如今，商业银行推行的标准化服务是一种涵盖多项标准的服务，这样的服务具备管理、考核的价值。另外，标准化服务也能提升商业银行的整体形象，让商业银行更具有职业、品牌特点。服务客户的目的就是让客户感到满意，让客户的需求得到满足。如果商业银行提供的服务还不能够让客户满意，这样的服务就需要进行调整、升级。客户服务不仅要体现人性化，更要体现标准化和职业化。某商业银行的行长认为：商业银行的灵魂是服务，如果想让客户看到商业银行的灵魂，就需要把服务做扎实，让服务能够达到客户要求的标准。通常来讲，客户服务有以下五大标准。

1. 可信

信任是人与人交往并产生情感的一种力量，没有信任，商业银行也就没有客户。尤其在市场经济中，各大商业银行竞争得如此激烈，如果无法赢得客户的信任，客户市场就会被其他商业银行抢夺。信任是什么？就是言必信，行必果。承诺客户的，一定要落到实处。如果承诺客户只是为了“拉业务”，恐怕早晚有一天会失信于客户。

2. 专业

如何才能成为客户身边的金融专家呢？这里应注意一个词：专家。专家是什么？就是在某个领域内的权威，值得人信服。因此，专家就是专业、权威的代名词。如果一家商业银行提供的服务不够专业，谁还敢将钱交到其客户经理手上呢？比如，某乳品公司自称是乳品行业内的“专家”，结果生产的多个批次产品都不达标，不是营养物质不够，就是大肠杆菌超标。这样一来，消费者就会质疑它的专业程度。商业银行想要让自己的服务更加专业，不仅要在标准服务方面下功夫，还要对客户服务人员的职业素质和理论水平进行提升。有足够强大的专业知识，才能够提供专业性强的标准化服务。

3. 有形

服务是无形的，无形的东西看不见、摸不着。对于商业银行而言，服务是一种特殊的商品。商业银行向客户提供的服务，一定要是这种有血有肉的服务。不仅要让客户看得见、摸得着，还要让客户对服务做出评价。商业银行需要构建服务的骨架，为服务塑造一个肉身。比如营造良好的服务环境，比如让客户经理使用标准的服务语言，比如在商业银行内宣传服务文化，比如邀请客户对商业银行工作人员的服务进行监督、打分。只有这样，商业银行提供的服务才是一种有形的服务。

4. 关爱

客户对于商业银行而言，不仅仅是上帝，还是一个被关注的群体。有一位企业家说：“客户之痛就是企业之痛，客户想要让企业解决痛苦的问题，企业就要想尽办法做到。原因在于，为客户止痛等同于为自己止痛。”前面提到同理心，同理心不仅是一种换位思考，而且是一种关爱。客户来商业银行办理业务，与此同时希望得到商业银行的理解和支持。如果我们不关心自己的客户，不关心客户到底是赔了还是赚了，不关心客户的内心想法，为什么还要提供服务呢？服务本身就是一种关爱，一种对客户的无私帮助。给予客户关爱，才能够从本质上落实“服务”二字。标准化所追求的服务，是一种标准的、关爱客户的人性服务。

5. 效率

现在许多人有一种“病”，叫拖延症。他们做事慢吞吞的，似乎永远都不着急。如果某拖延症患者是一位客户经理，服务客户的时候恐怕也会是这个样子。客户非常急切地想要把问题解决了，客户经理则会说：“咱们不着急，慢慢来!”客户着急，客户经理不急，恐怕客户会火冒三丈。某客户说：“我需要的服务，是我着急的时候商业银行客户经理马上帮我处理。”人们的时间都是有限的，时间就是金钱，效率就是生命。真正的服务需要体现效率，而不是拖拖拉拉、没完没了。如果商业银行能够提高服务效率，也就会给标准服务增加一个助推器。

另外，客户服务需要热情、诚恳，给客户一种温暖。如果商业银行能够营造出一种家的氛围，就会给客户带来信任感和归属感。

第九章

客户服务的维护

客户档案的整理

客户是商业银行的宝藏，这个宝藏取之不尽、用之不竭。对待这样的宝藏，商业银行要重视。有个别商业银行服务人员认为：走了一个客户，肯定还会来下一个客户，客户市场那么大，还差这一个吗？现实中，客户资源是有限的，客户资源是一种不可再生的活资源。不可再生是指客户总体资源数量的不可再生，活资源则指客户可以作为一名终生客户反复地购买产品。因此，商业银行既要重视客户关系维护，还要注重客户资源的深度开发，只有这样，才能与客户建立长期友好的合作关系。

建立客户档案是客户服务维护的基础性工作，也是非常重要的工作。建立客户档案的目的，就是与客户建立维护关系。如果商业银行没有客户档案，恐怕就会很麻烦。某公司销售部有很多客户，后来该销售部与进出口部合并成为贸易部。部门合并之后，人员也进行了调换。换人之后，新部门就需要进行相关的业务交接，比如客户的交接等。但是令人尴尬的是，该销售部许多老业务员并没有建立客户档案，有客户资料的仅仅是当前有业务往来的几个客户，而过去发生过业务的客户资料一律都是零。该公司的新主管看到这种局面，不禁叹气："没有客户档案，以后怎么去做业务，难道之前发生过业务的客户，全部都要扔掉吗？"这是一句非常无奈的话，但是也客观反映出客户档案的重要性。如今，许多商业银行推广"两张表"客户档案，第一张表是电话（往来）登记表，第二张表是客户详细资料表。“两张表”的具体情况如下。

1. 电话（往来）登记表

许多商业银行都在开展电话营销服务，通过打电话的方式为客户提供相关服务。这个表格详细记录了客户的第一、第二、第三次以及三次以上的电话往来信息。

第一次登记，通常可以记录下客户的姓名、年龄、家庭住址、工作单位、家庭结构等，也就是记录客户的基础信息。这些信息几乎可以占到所有客户信息的30%。

第二次登记，通常可以记录下客户的家庭成员组成、工作职位、年收支状况、投资理财状况、性格爱好等。随着了解加深，客户的更多重要的信息都可以通过这一次电话服务被记录下来。第二次登记的客户信息（加上第一次登记）可以占到所有客户信息的85%左右。

第三次登记以及三次以上登记，通常可以对客户的贡献值、关系网络、购买意向等级、消费能力、投资渠道等进行进一步梳理和了解，并对前两次登记的记录进行补充和完善，以达到100%的客户资料完善度。

2. 客户详细资料表

这张表格甚至比第一张表格还要重要，这样的档案还需要“一式两份”，一份由客户经理保管，另一份由商业银行档案室储存。客户详细资料表涉及客户方方面面的资料，大体上有以下几类。

客户背景信息：客户的姓名、性别、年龄、家庭住址等。

客户经济信息：客户从事的行业、岗位、职位、收入、投资状况、固定资产等。

客户居住信息：客户居住小区等具体的相关信息，比如房价等（此信息可以与客户背景信息进行合并）。

客户个性信息：客户的喜好、习惯、性格特征等。

客户家庭成员信息：客户的家庭成员构成、家庭成员的相关资料等。

客户走访信息：详细记录某年某月某日与客户会面谈判的重要情况，比如客户的需求、客户的建议、客户的不满等。

客户关怀信息：通常而言，商业银行会对客户做出关怀回馈，比如提供节日祝福、节日礼品、生日祝福、生日礼品等，因此，要记录客户生日。

客户关注信息：客户在往来银行的业务中，对哪些产品和服务有较为浓厚的兴趣，也应该详细记录。

客户交易信息：详细记录客户来银行办理业务的交易信息，并精确到时间，按照先后顺序排列。

客户转介绍信息：最好的营销手段就是把客户发展成为自己的销售员，客户转介绍新客户就是一种具体的体现。因此，商业银行从业者也应该对此予以记录。

客户参与活动的信息：商业银行经常举办各种活动，比如外拓营销、联动营销、沙龙主题活动等，如果客户参加了相关活动，应该进行记录。

跟踪信息：每一次商业银行的上门走访、电话拜访、预约、活动邀请等，都需要进行记录。

备注信息：通常来讲，商业银行与客户来往过程中，都会有一些特殊信息需要备注，比如合作过程中产生的问题等。

详细填好电话（往来）登记表和客户详细资料表，就能够较为完善地将客户档案整理出来，另外，还有一些商业银行直接采用电脑软件进行录入。总之，客户档案很重要，客户档案是商业银行提供服务的基础。

客户维护的五种方式

客户维护工作也是一项重要的、不可忽视的客户服务性工作，这项工作的重要程度堪比直接服务。事实上，许多老客户都是靠客户维护换来的。客户维护是一项细水长流式的服务，这种服务更加考验商业银行及其从业者的服务耐心。如果商业银行能够把客户维护工作做到位，就能够换来客户的信任和认可。客户维护的过程，同样也是接受客户考察的一个过程。

某商业银行行长认为：客户维护是一项服务基础性工作，通过日常维护，商业银行拉近并保持与客户的亲密距离。甚至更多时候，商业银行还要把服务放在银行大厅服务之外，比如进行走访等。现实中，客户维护的方式有很多种，最主要的方式有以下五种。

1. 短信维护

如今，几乎人人都有手机，许多人过年过节都通过手机向亲朋好友致以节日的问候。在手机短信栏中输入温暖的问候性语言，输入对方的手机号码，轻松一点，短信便传给了对方，对方打开手机就能看到。因此，采取短信维护的方式既简单，又直接，还高效。短信维护通常分为三个时间段：第一个时间段是传统节日，比如春节、中秋节、重阳节、端午节等，节日期间发送祝福短信是非常有意义的；第二个时间段是节气，一年有二十四个节气，节气当天可以发送节气健康祝福；第三个时间段是客户的生日、银行纪念日、活动日等，商业银行可通过短信传达对客户的关怀和问候。

2. 电话维护

电话维护比短信维护更加直接，短信维护通常以祝福语和通知为主，电话维护也是直接进行语言上的关心和问候，抑或为了约定某件事情而进行电话交涉。众所周知，商业银行通常会对客户进行分级，有 VIP 客户、普通大客户、普通客户等，对于这三类客户，电话维护的时间也有一定的区别。通常来讲，商业银行客户经理每周都会与 VIP 客户进行一次电话维护，每半个月都会与普通大客户进行一次电话维护，与普通客户的电话维护频率因节假日等时间而定。电话维护是一种交流、沟通式的维护，借助电话维护商业银行从业者能够跟进相关的业务进度。

3. 拜访维护

如果一个人能够迈开腿、亲自登门拜访，对于客户而言，也是一种荣幸。如今，能够坚持上门拜访的商业银行并不多，大多数商业银行都选择用手机沟通代替上门拜访。但是对于那些上了年纪或者腿脚不灵便的客户而言，上门拜访就非常有意义和价值了，并能体现服务的真谛。某商业银行客户经理小王，他所分管的片区内有 5 名腿脚不灵便的老年客户，这些老年客户不到万不得已是不会来商业银行的。小王为了解决这个问题，坚持每个月去拜访一次，甚至有时候会拜访两次、三次。通过上门拜访，小王也了解了客户存在的实际困难，并尽可能地利用其能力帮助客户解决困难。因此，小王的拜访维护工作颇受好评，甚至还有老人的子女送来了“服务锦旗”，以表示对小王拜访维护工作的感谢。

4. 活动维护

各大银行都会在开门红活动期间开展各式各样的活动，比如外拓营销、沙龙营销、公私联动营销、社区宣传等。活动现场就是一个维护客户的服务性场所。某商业银行开展外拓营销活动，许多客户来活动宣传点咨询相关服务。商业银行活动人员就会耐心地对客户进行讲解，或者直接对客户提供相关服务。活动期间，对客户进行活动维护是一种非常常见的现象。商业银行一方面通过活动展现商业银行的品牌，另一方面则为商业银行树立服务形象。许多商业银行重视活动，珍惜活动提供的服务机会。客户参与活动是对商业银行的信任和支持，因此商业银行应该以感恩之心回馈客户。只有这样，客户才能得到满足，商业银行才能得到客户的支持。

5. 微信维护

据了解，我国现在拥有超过10亿微信用户，许多商业银行客户经理甚至把服务平台搬到了微信上。某商业银行客户经理小周是一位“80后”，他擅长使用微信、YY（网络语言聊天软件）、QQ（腾讯开发的即时通信软件）等网络社交软件，尤其在打理微信客户群方面，经验非常丰富。在小周的微信客户群里，一共有132名新老客户。在客户群中，小周每天都会发布与金融相关的信息，比如银行产品信息、金融政策信息等，他还定期在微信客户群里组织活动，帮助客户转介绍，进而组建了一个生态朋友圈。小周借助微信维护了客户，而且还做到了客户转介绍。许多人都在用微信经营自己的朋友圈，商业银行通过微信对客户进行维护服务也是相当可行的。

客户维护方式或许还有很多，比如借助其他的网络平台或者活动平台对客户进行维护，定期组织户外拓展等加深与客户的深度接触和交流。

客户期望值维护

每一名客户都有自己的想法和期望值，希望自己的需求得到满足，也希望自己的人格得到尊重，甚至还希望能够从中获得非产品体验的另一种满足感。只有客户个人的期望值得到了满足，商业银行提供给客户的服务才是一种成功的服务。如果客户始终不满意，总觉得哪里有问题，商业银行就需要反思：是不是哪里有做得不好或者做得不到位的地方？

如今，各大商业银行比拼服务，服务已经不单单是一种礼仪，还成了一种可以提高商业银行竞争力的因素。甚至有人说："当今时代已经不是'产品为王'的时代，而是一个'服务为王'的时代。"谁把服务做得好，谁就能赢得客户的信任，继而赢得市场。提高整体的服务质量，打造服务文化品牌，已经是商业银行极重要的一项经营行动。怎么才能把服务做好呢？商业银行需要夯实服务中的各个环节，不忽略服务中的任何细节，比如对客户期望值进行维护。

首先，商业银行要找到客户期望值的由来。

客户期望值并不是凭空产生的，它是在某种条件下产生出来的东西。通常来讲，客户期望值来自三个方面，即个人经历、口碑传递和个人需求。个人经历，常常指一个人的消费经历。如果经历过一次较好的消费体验，客户通常希望下一次得到更好的体验；如果经历过一次不愉快的消费体验，客户也会希望下一次的消费体验能够得到改善。口碑传递，是广告效应作用的结果，比如一个人看到牙膏广告后，急于想要尝试这种牙膏，并对这种牙膏抱有非常大的期望。个人需求，则是更为实际并贴近自己的，一个人的需求需要满足，而满足就是一种期望，我想要得到什么，我的期望值就在哪里。总之，个人经历、口碑传递、个人需求构成了客户期望值的由来。

其次，商业银行要了解客户期望值的意义所在。

说到底，客户总是希望得到更好的产品和服务。但是有这样一条"基准线"，达到"基准线"的期望值，是满足期望；低于"基准线"的期望值，是不满足期望；高于"基准线"的期望值，是超出期望。对于一名客户而言，满足期望是基础，超出期望是一种梦想，不满足期望则难以接受。有一位消费者在某餐厅消费，结完账之后露出了笑容。朋友问他："你笑什么？"这位消费者说："没想到这家餐厅的菜不贵，甚至超出我的想象。如果去另一家餐厅点同样的菜，起码要多花30%的钱。"很显然，这位消费者得到了超出期望的消费体验，自然就会非常高兴。如果这位消费者非常生气，并对朋友说："没想到这家餐厅的菜这么贵，早知道就不来了。"就说明消费者的期望没有得到满足，自然会生气、发牢骚。因此，预期服务低于感知服务，会高于客户的期望值；预期服务等于感知服务，会达到客户的期望值；预期服务高于感知服务，会低于客户的期望值。

最后，商业银行要学会维护客户的期望值。

对于一家商业银行而言，管理并维护客户的期望值是非常有意义的。如果商业银行通过管理，能够让客户的期望值与银行提供的服务某种程度上达到一致，客户就会长期保持一种满意的状态。如何才能管理并维护客户的期望值呢？通常有两种做法。

第一，加强服务质量。有时候客户的期望值没有得到满足，归根结底还是商业银行的服务质量不达标。比如，某商业银行客户经理向客户提供服务时，既没有态度，也没有温度，给客户一种不可一世的印象，客户就会非常反感。因此，只有加强服务质量，想尽一切办法满足客户对服务体验的要求，才能从根本上起到维护客户的作用。

第二，有效管理期望。除了加强服务质量这一条路外，还有一条路就是想尽办法降低客户不切实际的高期望值。比如，有些客户希望能够从商业银行得到资本的倍增，或者从商业银行中感受超乎寻常的极致的服务。面对抱有"超高幻想"的客户，商业银行就需要想些办法了。比如在恰当的服务时间或者服务气氛中，如实地告诉客户商业银行能够满足哪些需求，不能够满足哪些需求。通过这种告知，让客户调整自己的期望值。

客户的期望值与商业银行的服务息息相关。客户的期望值与客户后续购买产品的行为也有紧密的关系。如果商业银行重视客户的期望值，管理并维护好客户的期望值，就能够及时对客户做出有效回馈，让客户对商业银行提供的服务感到满意。

客户满意度维护

客户满意度是衡量服务质量的一个重要标准。客户不满意，说明客户对服务颇有微词；客户满意，说明客户对服务是认可的。商业银行是一个以服务质量取胜的单位，服务就是商业银行的命根。如果做不好服务，客户就会失望，就有可能重新选择商业银行。如今，许多商业银行以顾客满意为奋斗目标，做强、做大服务。另外，服务水平能够体现一家商业银行的品牌形象，因此服务就是一种品牌。

20 世纪 90 年代末期，山东某商业银行开展客户满意服务工作，每半年进行一次客户满意度调查。该商业银行将调查问卷发放给客户，然后让客户根据上面的题目进行回答。

有一年年底走访，该商业银行副行长刘某来到某客户处。在拜访客户过程中，他拿出一张客户满意度调查表，并对客户说："我行正在做客户满意度调查，您填一下，有什么意见尽管提，您的意见对我们的工作非常有帮助。"客户用了 20 分钟时间，填完客户满意度调查表，并给该商业银行打了 77 分。客户反映，该商业银行存在的最大问题还是效率问题。因此，提高工作效率就成了提升服务质量的重要内容。如果商业银行能够提高工作效率，也就能够让该客户感到满意。

该商业银行坚持每年做两次客户满意度调查，每一次都会对自己的工作提出新要求、新目标。通过多年的努力，该商业银行在所在片区内生意最好、人气最旺，是名副其实的金牌银行。

如今，许多商业银行都在进行客户满意度调查，通过调查客户的满意度，了解客户对商业银行的意见，从而对商业银行的管理进行改善。通常来讲，客户满意度有五个级别，即不满意、不太满意、一般、比较满意、满意。

不满意。客户对商业银行提供的服务完全不认可，甚至觉得商业银行提供的服务根本不是服务，而是其他。某商业银行客户经理在与客户沟通过程中因为观点上的不一致而争吵起来，最后客户觉得商业银行提供的服务完全不是服务，并对该客户经理进行了投诉，投诉理由是：服务质量太差了，我为此感到非常生气。在这种极度不满意的情况下，客户不但会离开商业银行，而且会向亲朋好友诉苦："请不要去这家银行，这家银行的服务质量非常差。"

不太满意。不太满意说明客户对商业银行的服务或者产品抱有遗憾，或者存在微词，但是还不至于大动肝火。比如，某商业银行客户经理并未兑现既定的承诺，而是找了很多理由去搪塞客户。客户便问："既然做不到，为什么还要承诺?"客户经理的回答是："实在对不起，我也没有想到中间会出这样的问题。"幸亏客户经理向客户承认了错误，否则客户也会大动肝火。不太满意与不满意虽然有程度上的区别，但仍旧是一种"不满意"。只要是"不满意"，就说明商业银行的服务还存在很大问题。

一般。事实上，多半客户在接受商业银行提供的服务之后，都会这样说："没有什么特别的感觉，一般吧!"这句话很耐人寻味，它表现出一种"不满意"，但又没挑出什么大毛病。换句话说，只要商业银行客户经理按照客户的要求办完业务，客户也就不会挑出什么毛病。但是，办业务与例行公事都属于工作范畴，而不属于服务范畴。客户感受不到商业银行的服务，因此也就不会产生感动的、积极的情绪，给出一句"一般"的评价，也就非常合情合理了。这也表明，商业银行还要加强服务投入，不能只限于例行公事。

比较满意。如果客户能够对商业银行的服务表示认可，也就会产生满意的情绪。但是满意也存在程度上的区别，比较满意与满意之间，还存在一定的距离。比较满意说明客户认可了商业银行的服务，但是这种服务与客户自己的心理预期还存在一定的距离。也就是说，客户希望商业银行再努力一点，在服务方面再多下功夫，尤其是在细节方面。因此，商业银行还需要进一步加强服务、细化服务，努力达到客户心理预期，让客户感到满意。

满意。如果客户非常高兴，且十分认可商业银行提供的服务，说明他是满意的。客户感到满意，说明商业银行的服务做到位了。如果客户能够持续地对商业银行提供的服务感到满意，就会与商业银行建立起一种稳定的“合作伙伴”关系。对于商业银行而言，管理者应该在客户满意的基础上进一步提升服务的质量，继而让客户达到“更满意”的状态。

一位商业银行行长认为：服务贵在用心！只要用心做服务，让客户感受到这颗心，客户就会感到满意。调查并维护客户的满意度，就是为了给提升服务管理提供一个依据，从而深化服务，把服务做到位。

客户忠诚度维护

客户的满意度与忠诚度是一体的。通常来讲，客户先有了满意度，才能逐渐产生忠诚度。忠诚意味着信任和关系紧密，只有朋友、亲人之间才有这种忠诚。如果客户对商业银行提供的服务感到不满，那么客户与商业银行之间就不存在信任可言，没有信任作为基础，也就不会产生彼此忠诚的合作关系。什么样的客户是忠诚客户呢？忠诚客户就是无条件地信任银行，死心塌地地跟着银行的步伐安排自己的相关行动的客户。换句话说，忠诚客户就是银行的“粉丝”，或者是超级回头客。“粉丝”和回头客越多，商业银行的效益也就越好。

客户忠诚是一种消费偏好，引起这种偏好的因素有两个，即吸引人的产品和吸引人的服务。但是通常来讲，让客户忠诚需要商业银行二者兼具。俗话说："不怕不识货，就怕货比货。"如果某客户离开了这家银行，转身去另一家银行，两者的差距就产生了。因此，商业银行一定要坚持产品、服务两手抓。留住"粉丝"和回头客，就等同于留住了一座金山。《哈佛商业评论》有一句话：客户挽留率每增加5%，可带来公司利润60%的增长。因此，商业银行需要对客户的忠诚度进行管理和维护。对于商业银行而言，如何才能让客户保有对商业银行的忠诚呢？

首先，商业银行要让客户处于满意状态。

满意，代表着客户对商业银行提供的服务和帮助的一种认可。比如，某客户第一次上门办理业务，商业银行客户经理为他提供了非常优质的服务，这位客户非常开心，并说："你们银行不错，服务挺到位的！"这样一句评价，对客户和商业银行都有着非凡的意义。其一，客户是满意的，并对商业银行印象不错；其二，商业银行的服务具有一定的吸引力。如果这位客户第二次上门，仍旧对商业银行给出正面的评价，那么客户对该商业银行的信任也在加强。量变引发质变！如果这种满意情况持续下去，信任感得到加强，忠诚度也就慢慢形成了。有人说："忠诚度是最高等级的信任度和满意度。"

其次，商业银行应给予客户奖励。

形成忠诚度的可能因素还有很多，其中有一个因素不得不提：利益。事实上，客户与商业银行的关系就是一种利益关系。客户把钱交给商业银行，商业银行帮助客户打理，双方都能从中获得利益。如果没有这样的利益关系，客户也就不会来商业银行办理业务了。如果想让客户与银行的关系更加紧密，商业银行恐怕还要想一点其他办法。比如，给老客户一点奖励。现实中，许多商业银行都在这样做，针对老客户的回馈活动也层出不穷。老客户从中得到了好处，自然会加强与商业银行的合作。某商业银行行长认为：对老客户进行适当奖励是有好处的，老客户得到了好处，自然就会继续与商业银行保持合作，并扩大这种好处。但是需要提醒一点，商业银行给予的奖励一定要点到为止，并保持在礼仪范畴之内。

最后，商业银行要坚持“客户至上”的原则。

有人问：“如果客户已经死心塌地跟着商业银行了，是不是商业银行就不需要再继续投入了？”当然不是！

有一位年轻人开了一家面包房，由于刚开业，他非常用心去做，严格按照面包的配方，挑选优质材料，所以做出来的面包非常好吃。这家店服务好，面包定价又不贵，所以吸引了不少客户。有几位客户逐渐成了非常忠心的回头客，每次来都会买一些。年轻人的面包房生意越来越好，“死忠粉”也越来越多。此时，年轻人就有些飘飘然了，他开始偷工减料，面包不如以前好了，味道也开始有了变化。

有一次，一位老客户问年轻人：“你的面包味道跟过去不太一样了，是不是换配方了？”年轻人一脸满不在乎，回答：“没有，还是原来的配方。”老客户开始担心，没有换配方味道怎么能变呢，是不是里面有问题啊？事实上，许多客户都感觉味道变了，不如以前了，面包的个头、分量小了。直到有一天，面包房对面又开了一家烘焙店。这家店刚一开门，年轻人的老客户全部去对面购买面包了，这家面包房在竞争中彻底败下阵来。

客户都是“不忠诚”的，如果你对他不够好了，或者服务质量有了变化，客户就会感受到，并且做出行动。因此，商业银行必须长期坚持“客户至上”的原则，保持高质量的服务。

客户忠诚度的管理与维护的方法还有很多，但是以上三种较为常见，也容易运行。客户忠诚度代表着信任、支持，商业银行要感恩客户的这种信任和支持，才能把服务做得更好。

第十章

客户服务的加分服务

加深情感的服务

前面提到客户维护，客户维护是商业银行服务的重要组成部分。商业银行通过维护的方式，避免双方之间的合作关系被破坏。就像夫妻二人，需要借助感情的维护才能让婚姻关系更加和谐。事实上，商业银行与客户之间的关系，类似于一种“承诺—被承诺”的关系，这种关系与夫妻关系多少有一些相似。除了前面提到的客户服务外，还有一些加分服务也很重要，其中有一种加深情感的服务。

人是感情动物，人与人之间的关系靠情感进行维系。如果人与人之间没有情感，能够建立关系的中间元素是纯利益关系。众所周知，纯利益关系是一种典型的、不带修饰的“利用与被利用”的关系，一旦利益链条终止了，双方也就会分开。商业银行与客户之间虽然也有利益关系，但是这种利益关系并非是纯利益关系，而是一种带有情感的利益关系。如果商业银行加强对客户的情感投入，就会给客户留下更深刻的印象，进而形成一种牢不可破的“情感—利益—情感”的关系。现实中，商业银行从业者如何才能加深客户情感呢？应注意以下方式方法。

1. 记住客户的名字

对一个人用不用心，首先要看你能不能记住这个人的名字。如果连对方姓什么叫什么都不知道，恐怕也就无法让人信服。对于商业银行客户经理而言，记住客户的名字和面孔是非常重要的。如果客户第二次来访，你能够准确叫出客户的名字，客户会认为你非常用心，起码没有把他忘掉。如果客户第二次来访，你不能准确叫出客户的名字，而是再询问一遍，客户就会想：不久前我才来过一次，这位经理的记性真不好！

2. 对客户的需求保持关注

通常而言，一个人的需求会随时间的变化而变化。比如，一名客户过去只有存款的需求，后来随着收入的增加，就有了其他需求，比如购买金融产品需求。这种需求上的变化，同样需要商业银行客户经理的长期关注。如果在服务过程中，商业银行客户经理能够及时提供可靠的建议，就能够帮助客户解决相关的问题。抑或，让客户感受到商业银行的这种温暖。另外，时刻关注客户的需求对商业银行开展后续业务也有很大的帮助。

3. 投其所好

客户喜欢什么不喜欢什么，商业银行客户经理也要详细了解。如果客户喜欢红色，商业银行却给了绿色，客户就会想：对方真粗心，明明知道我不喜欢，还非要给我！既然给，为何不给我喜欢的东西呢？如果客户喜欢红色，商业银行也给了红色，客户就会非常高兴并欣然接受这份礼物。投其所好的目的，就是让客户开心。客户开心了，问题也就迎刃而解了。如果商业银行能够投其所好，客户也一定会感激商业银行。

4. 关心客户的家庭

对于一个人而言，家庭似乎比工作还要重要。家庭，是一个人的归宿，更是一个人的港湾；家庭，是一个人情感发育的地方，更是一个人最关心的地方。如果商业银行能够关心客户的家庭，并给予客户的家庭成员关心和问候，对双方感情关系的培养十分有帮助。比如，一个男人追一个女人，如果这个男人对女人的父母非常好，也会给女人留下好印象。关心客户的家庭，也就是关心客户本人。

5. 欣赏客户、赞美客户

有人说："恭维是一种虚头巴脑的东西，我们要远离恭维，要在他人面前表现出自己的真实面貌。"其实，恭维不是一种虚伪的东西，而是一种礼仪。世界上几乎所有的人都有被表扬、被夸奖、被欣赏、被赞美、被恭维的需求。既然客户也有这样的需求，为何商业银行不顺水推舟呢？如果你的欣赏和赞美能够给客户带来愉悦心情，客户就会对你伸出大拇指说："你们银行的服务真到位！"欣赏和赞美与吹捧和拍马屁不同，它本身是美丽的、是道德的。

6. 为客户营造朋友圈

"朋友圈"是当下极火爆的词，大多数人都在构建自己的朋友圈。人们在朋友圈里生活，靠朋友圈赚钱，朋友圈是一个人日常生活的重要部分，人人都离不开朋友圈。如果商业银行客户经理能够借助平台优势，为客户打造一个新朋友圈，想必客户也会感谢你。如今，许多商业银行客户经埋都有自己的客户微信群，通过建立微信群与客户分享生活动态，客户也能够从客户群中认识其他的朋友，对拓展自己的朋友圈也是有帮助的。

加深客户情感的方式方法绝非以上六种，还有定期邀请客户参加沙龙，长期对客户进行上门服务等。如果商业银行能够加深与客户之间的情感关系，商业银行与客户之间的合作也会更加顺利、愉快。

超出预期的服务

有一对年轻夫妇，在某城市从事家政工作。众所周知，家政服务就是家庭清洁服务，按照平方米收费，比如3元/平方米。如果打扫100平方米的房子，通常收费300元。

有一次，一位老人打电话找到年轻夫妇，并对年轻夫妇说："我有一间房子，120平方米，需要打扫一下。过几天，我儿子会从国外回来看我。"按照约定，年轻夫妇按时来到老人的家，然后进行打扫。这对夫妇非常老实、诚恳，干活非常实在，而且非常重视细节，许多不易察觉的卫生死角也能够被他们发现并打扫干净。年轻夫妇一共花了3个小时才收拾干净。临近结束的时候，年轻夫妇问老人："您花盆里的土应该换一下，土壤养分不够了。如果换了土，您的儿子回来就能看到盛开的花。"老人点点头。

年轻夫妇帮助老人把花盆里的土都换了一遍，然后还帮助老人把一根年久失修的电线重新换了。最后，年轻夫妇只收了350元钱，就拎着各种生活垃圾下楼离开了。老人非常感动，他说："我每年都找家政人员来打扫卫生，但是像这对年轻夫妇这样实诚的人，还是第一次遇到。"后来，老人每年需要家政人员来打扫卫生都会找这对年轻夫妇，年轻夫妇的服务质量像过去一样令老人满意。

故事中的老人深受感动，原因在于年轻夫妇的认真服务。服务不仅能够让客户高兴，还能够打动客户。如果服务的质量超出客户的心理预期，客户也会表现出感动、震惊之情。对于商业银行而言，要想给客户留下更深的印象，就需要提供超出预期的服务。有哪些服务是超出预期的呢？商业银行从业者应该注意以下几个方面。

1. 额外服务

上面的故事中，年轻夫妇提供的家政服务就包含了一部分额外服务。所谓的额外服务就是约定之外的服务，是一种超过原基础的服务。事实上，许多客户被感动，就是因为感受到了额外服务。

某商业银行客户经理长期服务一名老年客户，除了定期上门之外，还帮助老人做了许多其他方面的事情。老年客户因为得过脑血栓，行走不便。这位商业银行客户经理每一次上门，都会对老年客户说："您腿脚不方便，有什么需要您尽管说，我可以帮助您。"时间长了，老年客户也就把他当成了自己人。这位商业银行客户经理经常帮助老年客户去医院门诊取药，有时候还会帮其搬运一些沉重的物品。这些超出本职的额外服务让老年客户非常感动。老年客户在感动之余，也帮助这位商业银行客户经理宣传商业银行的服务，老年客户的两个儿子、一个女儿也都因此成了该商业银行的客户。

事实上，额外服务才是真正的服务，额外服务是超出原有工作之外的无条件的奉献，它能够体现一个人的服务精神和价值。如果商业银行能够为客户提供超过原本服务的额外服务，就会给客户带来超出预期的全新体验。

2. 贴心服务

贴心服务的核心是贴心，也就是一种换位服务。如果只把贴心看成用心，是不对的。贴心，是贴近客户的心，知道客户的需求，了解客户的真实想法，提供的服务总是对的服务。如果不了解客户的想法，而是闭着眼睛提供服务，恐怕提供的服务是一种不对的服务。既然客户不需要这种服务，商业银行也就无法达到客户的预期。

国内有一家临终关怀医院，这家医院提供的服务非常人性、贴心。有一年，一位癌症末期患者来到这家医院接受临终关怀治疗，负责这位患者治疗的周医生每天两次查房都会对这位患者进行询问，比如哪里不舒服，有什么特殊的想法等，每天两次沟通，让这位患者非常感动。

有一次，这位患者对周医生说："我今天心情不好，孩子们走了之后觉得心里空落落的。"周医生感受到患者有一种心理诉求，于是坐下来跟他谈心。经过半个小时的沟通，这位患者的心情大大好转。周医生说："这些患者需要医生用心来治疗，而不是用药物和手术刀。如果他能够认可你，把你当成亲人，就会严格遵循医嘱，安心治病。"换句话说，给患者提供贴心服务，患者才会最大限度地配合医生进行治疗。

对于商业银行而言，向客户提供贴心服务是一项重要的任务。客户感受到商业银行的心思，也会像故事中的患者那样配合商业银行客户经理的工作。如果客户经理与客户的心是相通的，客户经理提供的服务就会是一种贴心服务。

超出预期的服务具备这样几个特点：额外的、心连心的、换位思考的。如果商业银行能够给客户提供这样的服务，想必就能给客户带来超出预期的体验和感受。

持续不断的服务

马云说："服务是全世界最贵的产品。"如果商业银行能够把服务做到位，客户就会不断地照顾商业银行的生意。换句话说，服务是一座金山，服务可以创造财富。如果能够给客户提供持续不断的服务，也就能够达到商业银行想要的结果。

沃尔科特是一名家电推销员，但是他还有一个身份，家电维修工。客户凡是从沃尔科特手里买家电，就等同于给家电买了一份长期保险。众所周知，家电的保修期为三年。家电的使用寿命在七年到十年，通常来讲，三年之内家电是不会出大问题的。沃尔科特说："我的一项使命是，用我的技术延长家电的使用寿命。"

有一位客户，曾经在沃尔科特手里购买了一台电视机。三年后的某一天，这位客户打来电话："沃尔科特先生，我的电视机出了毛病。你能否帮我修理一下?"沃尔科特放下电话，十五分钟后便出现在客户的家里。他用螺丝刀拆开电视机，然后开始对电视机进行检查。二十分钟后，沃尔科特终于找到了问题。经过修理后的电视机，恢复了原貌。这位客户非常感谢沃尔科特，并向他竖起了大拇指。

沃尔科特几乎天天都在奔走维修各类家电，而这些家电都是他卖出去的，且超过三年保修期的家电。有人好奇地问："沃尔科特先生，你为什么执着于修理工作呢?如果他们的家电坏了，他们不就会再次购买新的家电吗?这样的做法会不会大大影响产品销量啊?"沃尔科特说："表面上看，家电的使用寿命延长会对新增销量有影响。然而，他们会因此更加信任我。除了电视机之外，电冰箱、空调、洗衣机等常用家电，他们都从我这里购买。"换句话说，沃尔科特提供的这种维修服务也是营销的一部分。

通过这种方式，沃尔科特成了该地区的家电营销大王。许多人购买家电，也是因为看好沃尔科特提供的长期维修服务。

持续不断的服务是一种长期服务，如同一名终生产品维护员帮助客户进行终身维护一样。事实上，持续不断的服务才能够考验一名商业银行从业者的服务精神和服务意志。就像营销大师乔·吉拉德所言：我相信推销活动真正的开始在成交之后，而不是之前。

南方某商业银行有一名金牌客户经理，她叫赵芳。赵芳的客户中有一家是商业银行所在片区内的大型民营企业。赵芳心里明白，只要能够维护好这家企业客户，客户就能够为商业银行创造巨大的效益。因此，赵芳树立了一个服务理念：持之以恒的服务才是最好的营销。

为了维护好客户，赵芳制订了一个服务计划。服务计划是这样的：第一，每周坚持跟企业客户进行一次电话沟通，了解企业客户的实际情况；第二，每两周拜访一次客户，通过拜访的方式进一步了解客户的需求以及对商业银行的意见；第三，每一个季度组织一次沙龙，邀请客户来商业银行参加活动；第四，只要客户有需求和想法，随叫随到。赵芳按照这样的服务计划，有条不紊地为该企业客户提供着服务。

这家民营企业非常有实力，后来与一家日本公司共同投资合办了一家高科技公司。这家新公司一旦运营，每年的营业额就可以达到 10 亿元。这样一家新公司对商业银行而言，是极具诱惑力的。因此，许多商业银行都希望能够拿下这位新公司。对于赵芳而言，如果能够成功抢下这家新公司，就会帮助商业银行大大提高业绩。

当所有的商业银行都在关注这块巨大的蛋糕时，这家新公司的负责人给赵芳打来了电话，希望与她见面。见了面之后，该公司的负责人说：“赵经理，集团老总向我推荐你们银行，并且对你大加赞赏。对于合资公司而言，寻找一家优秀的商业银行合作伙伴是非常重要的。如果有时间，我希望你从中协调，让我与贵行行长见面详谈！”令赵芳没有想到的是，她竟然轻而易举地拿下了这个大客户。一个月后，赵芳所在的商业银行与这家新公司签订了合作协议，赵芳继续为其提供服务。

现实中，像赵芳这样的优秀银行员工并不多。或者说，许多商业银行都对这样的人才求贤若渴。服务是一种营销手段，持续不断的服务更是一种加强版的营销。某商业银行行长表示：客户经理常常说，自己是客户的贴身金融顾问，因此就需要体现顾问的价值。什么是顾问？就是在任何时候、任何阶段，都站在客户身边，给客户最中肯的建议，帮助客户解决问题的人。为客户提供持续不断的服务，不就体现了一种顾问精神吗？

第十一章

客户服务异议的处理

异议的产生原因

商业银行客户经理在服务客户的时候，常常会遭遇一种尴尬。双方沟通还未结束，客户就会提出质疑："这里面是不是有问题？你再给我解释一下！"甚至有些客户直接不满意商业银行客户经理提供的服务，说："这算怎么回事？你难道在敷衍我吗？"总之，客户会因为各种各样的问题而打断服务，提出相反的、不同的意见和要求，并希望客户经理尽快给出答复。

有人说："客户对此产生异议，说明客户对该服务感兴趣。"如果客户对该服务完全不感兴趣，又为何能够产生剧烈的心理波澜呢？说到底，客户对该服务很感兴趣，甚至非常重视该服务，才会如此。当他认为客户经理提供的服务有问题或者根本没有达到他的预期，就会产生一种心理落差。而这种心理落差就会导致异议的产生。某商业银行行长认为：如果客户因为服务等问题与你争执起来，是一件好事，而不是坏事。客户的重视是推进成交的原动力。如果能够就此消除异议，达成和解，成交就近在眼前了。因此，商业银行客户经理不要被异议所迷惑，异议反倒能够带来成交的希望。前提条件是，商业银行能够搞清异议的产生原因。

1. 客户自身原因

异议的产生，并非全然都是因为商业银行的问题。许多客户也有自己的问题，而这些问题就会导致异议的产生。

固执：许多客户是固执的，不愿意做出改变，并坚持自己原本的想法，而这些想法却无法得到客户经理的解答。

情绪差：如果一名客户来商业银行办理业务，恰恰赶上心情不好，可能也会无缘无故发火。

缺乏对商业银行产品或服务的正确认识：说到底，就是客户对商业银行的产品或服务的认识存在偏差和不足，而这种偏差就会导致异议。

偏见：偏见是一种戴着有色眼镜的看法，比如对某个人的偏见或者对某种产品的偏见，偏见也是导致异议的主要原因之一。

借口：许多客户提出异议，不是因为服务本身有问题，而是想找一个借口终止谈判或者换一个话题。

预算不足：倘若商业银行客户经理向客户提供了一个产品组合，而这个产品组合的起步门槛远远超出了客户的心理预算，客户就会产生异议。

过于着急：也有一些客户是急性子，希望谈判快速结束。但是商业银行客户经理需要按照规定去办理业务。“一快一慢”之间也会产生矛盾。

2. 客户经理自身原因

除了客户自身的问题外，客户经理也会出现问题，且客户经理自身的问题可能是导致异议的最主要原因。

素质不高：客户经理向客户提供服务，而服务是一种高素质的体现。如果客户经理的素质不高，说话不文雅、不含蓄，可能就会导致异议。

形象差：也有一些客户经理属于不修边幅型，不太在乎自己的职业形象，着装很随意，甚至不注重个人卫生，也会给客户留下坏印象，进而导致异议。

专业术语太多：客户毕竟是客户，是金融行业的门外汉。如果客户经理在服务过程中使用太多的专业术语，就会给客户一种云山雾罩的感觉。客户听不懂，自然会产生异议。

夸大事实：还有一些客户经理为了尽快拿下客户，不惜夸大产品的作用。如果被客户揭穿，异议也就产生了。

太过强势：在“服务与被服务”的过程中，客户是主角，客户经理只是配角。如果客户经理太过强势而压住了客户的风头，那就是自找不快。

话太多或者话太少：如果一名客户经理遇到一名话多的客户，而客户经理总是不给客户说话的机会，恐怕就会带来麻烦；如果一名客户经理遇到了一名话少的客户，而客户经理总是让客户说话，客户也会反感。

展示失败：如果客户经理向客户展示产品时出现了差错，而这个差错恰恰又是客户无法接受的，异议就会产生。

3. 产品自身原因

如果产生异议的因素是人的因素，恐怕问题还相对容易解决；如果是产品出了问题，可能会更加麻烦一点。

产品的质量不达标：客户追求产品的质量，如果产品质量不达标，或者不符合客户的心理要求，客户就会拒绝该产品。

产品的功能被夸大：如今，许多产品的功能被夸大，实际上它根本不具备这样的功能。如果客户买到了这样的产品，就会产生异议。

产品的款式不对：对于商业银行而言，其产品虽然没有款式的概念，却有功能上的差异。如果客户经理推荐的产品并不是客户想要的产品，客户也会产生异议。

产品的风格不符合客户要求：比如，一位客户希望购买高风险高收益的产品，而客户经理给他推荐的是低风险低收益的产品，客户也会产生异议。

除了上述三个原因，商业银行提供的服务环境如果不好，也会带来异议。比如客户想上厕所，而商业银行并不提供公共卫生间等。想要解决异议，商业银行还要从自身找原因，加强沟通质量和服务质量，才能从根本上消除异议。

异议处理的准备

遇到异议该怎么办？许多客户经理遇到这样的问题，似乎无从下手。一方面，他们担心异议没有得到处理，反而会加深彼此之间的矛盾；另一方面，他们似乎尚未找到一种有效的处理异议的方法。因此，异议成了棘手的代名词，还有许多商业银行从业者直接把这个问题交给售后，并告诉客户："您的要求我无法完成，请您联系我们的售后，谢谢！"这是一种推卸责任的做法，这种做法并不能解决异议，反而还会加深彼此之间的矛盾。

有一位年轻人，在服务客户的时候与客户争执起来。事实上，原本不是什么大问题，只要年轻人向客户表达一下立场，然后向客户道个歉，问题也就解决了。但是这位年轻人非常强硬，直接告诉客户："您有什么问题找我的领导反映吧，我的能力实在有限，无法给您提供服务。"

客户生气了，马上起身去了经理办公室找到经理。客户向经理反映："你们公司做不到把客户当上帝也就罢了，竟然还威胁客户？难道这都是你培养的部下吗？太没有素质了！"经理听了客户的牢骚，发现原本不是什么大事，结果却把事情弄得这么大。为了消除异议，经理亲自帮助客户办理了相关业务，并道了歉。事后，经理对年轻人进行了批评，并对年轻人说："遇到问题不要怕，也不要着急。客客气气、积极一点应对客户的异议，没有什么解决不了的。"

异议的处理自有一套异议处理流程，商业银行从业者完全可以按照这样一套科学流程去做准备。

第一步，制订目标。

做任何事都需要有一个目标，目标就是导航灯，有了目标才能有处理的方向。比如，商业银行客户经理与客户之间存在异议，客户经理便制订了“消除异议、恢复沟通”的目标。古人云：“不战而屈人之兵。”这句话的智慧是，不需要一兵一卒就可以战胜对方，而这种智慧的秘密在于准备。很显然，制订“消除异议”的目标就是这样一种准备。另外，制订目标还有一个作用：形成条件反射。目标是一个方向，而且有一种引导力。如果长时间关注目标并与这种引导力不谋而合，就会产生一种条件反射。这种条件反射具有正面、积极的作用。

第二步，制订计划。

通常是先有目标，后有计划。如何制订一个“消除异议”的计划呢？通常来讲，商业银行从业者需要确定“消除异议”的每一个步骤以及“消除异议”应使用的工具。“消除异议”的计划可以这样安排：第一，做好记录工作，把客户存在的异议都记录下来，然后根据客户的异议有计划地确定应对策略；第二，将所有的异议进行汇总，形成汇总表格，从中找到相同和不同，并对异议中存在的问题按照主次进行划分；第三，设定解决异议的方法，方法有很多种，比如迂回法、转化法、补偿法、委婉法、忽略法、规避法等；第四，准备经典成熟的异议解决案例，以此作为工具进行对比参考，以衡量新方案的效果优劣；第五，提前进行情景模拟演练，加强对相关技能的运用熟练程度；第六，做好总结记录，并形成评价体系。“消除异议”的计划也可以根据自己总结的方法进行制订。正如某商业银行行长所言：作战需要作战计划，“消除异议”也要有“消除异议”的计划。坚持按照计划行事，才能顺利“消除异议”。

第三步，做好心理准备。

俗话说：“心态决定一切。”如果一名商业银行客户经理的心态不好，恐怕他也无法进行“消除异议”的工作。某客户经理与客户因产品问题产生了异议，客户认为该产品名不副实，完全是客户经理的话让他上当受骗。客户经理非常生气，于是拿出协议书给客户看，并说：“您说我没有详细告知，可是您在协议书的每一栏都签了名，怎么能说是上当受骗呢？我骗您什么了？”客户一听更生气了，甚至与客户经理在大庭广众之下争吵了起来。最后，两个人不欢而散。客户提款并销户走人，客户经理也没有得到什么好处。换言之，如果客户经理的心态不好，恐怕只能火上浇油。因此，商业银行从业者在开始异议处理工作之前，需要把心态调整好。

如果商业银行从业者确定好了“消除异议”的目标和计划，并且调整好了心态，也就能够正确应对客户的异议，从而解决彼此之间存在的问题。

异议处理的原则

商业银行客户经理向客户提供服务时，不可避免会出现各种异议。如果出现异议，客户经理可以按照既定的目标、计划去应对异议。

不过还需要补充一点，异议也有很多类型，有些异议比较重要，有些异议需要挖掘，有些异议只需要引导。需要引起高度重视的异议，是客户客观、如实的反映。也就是说，这样的异议是服务或产品本身造成的异议，属于“真异议”。“真异议”就是商业银行最应该重视的异议，如果处理不好，就会引发严重的后果。有一种异议是“假异议”，这种异议通常只是客户理解有偏差或者故意提出不合理的要求而造成的。对待这种“假异议”，合理的引导最为关键。还有一种异议是“潜异议”。换句话说，有些客户不爱说话或者不擅长表达，但是不代表他没有意见。对待这种“潜异议”，商业银行客户经理也不能故意看不见，而是要认真对待，引导客户说出不同的意见，然后通过积极的方式化解。如果商业银行从业者能够分析出“真异议”“假异议”“潜异议”，然后按照异议处理的原则科学处理异议，就能彻底把彼此之间的异议消除。

异议就是双方存在不同的意见，但是异议尚未达到矛盾的程度。异议产生之后，商业银行从业者可以按照以下五大原则去处理。

1. 冷静原则

俗话说：“三思而后行。”只有保持冷静的人，才能处理好异议。如果商业银行客户经理头脑不冷静，恐怕只能火上浇油。比如，某商业银行客户经理在服务客户的时候，因为某个服务细节与客户产生了异议。如果这位客户经理能够调整一下策略，按照客户的要求去适当转变一下，异议就解决了。但是这位客户经理情绪非常激动，非要跟客户理论。到最后，两个人的异议越来越大，客户离开，并对这位客户经理进行了投诉。因此，商业银行客户经理在处理异议的时候，一定要保持头脑冷静，三思而后行。

2. 不争辩原则

在处理异议过程中，商业银行客户经理不但要头脑冷静，还要坚持不争辩原则。现实中，许多异议导致矛盾的案例都是商业银行客户经理据理力争引起的。某商业银行客户经理服务客户时，客户提出了强烈的质疑，而且情绪有些激动。但是这位客户经理非常冷静，他始终保持微笑状态，而且采取了不抬杠、不争辩、不额外陈述事实的处理方式。客户发完牢骚，情绪逐渐稳定下来之后，这位商业银行客户经理才开始有理有据地进行解释、补充，并希望客户能够谅解。客户看到商业银行客户经理的服务态度非常好，对人也有礼貌，便退了一步。

3. 尊重客户原则

尊重他人是老生常谈，似乎尊重放在哪里都是合适的。尊重客户不仅是一种美德，还是一种服务。不管客户经理与客户之间存在多么大的争议，客户经理都需要无条件地尊重客户，维护客户的人格和尊严。许多年轻员工，锋芒毕露，而且不喜欢被他人质疑。比如，某商业银行一位年轻客户经理在处理异议的过程中顶撞客户，并且用侮辱性的语言回击客户，致使客户勃然大怒，选择了销户。尊重客户，不管何时何地都要坚持。不能因为产生了异议或者客户发脾气而进行回击，这样是不对的。

4. 合理反馈原则

如果商业银行客户经理与客户存在沟通等方面的问题，客户因此发脾气，或者有不同的意见，客户经理一定要把话语权让给客户，让客户说。客户诉说个人意见的时候，商业银行客户经理需要扮演好倾听者的角色，一定要认真听，并且把重要的信息记录下来。如果客户讲完了，或者客户给商业银行客户经理讲话的机会，商业银行客户经理就一定要抓住这个机会，然后做出合理反馈。为什么用“合理”二字呢？因为合理代表着符合实际，代表着不争不抢，代表着一种建议。如果商业银行客户经理能够提供合理的反馈信息，一般都可以化解异议。

5. 商量原则

为什么会产生异议？很简单，就是因为两人的意见不一致。如何才能让两个人的意见达成一致呢？商业银行客户经理需要与客户商量，抑或讨价还价。现实中，异议多半都可以商量着解决。商业银行一方让一步，也劝客户退一步，然后从中找出共同利益，并对共同利益进行合理交割。除了极个别客户之外，大多数客户都能接受商量。有问题，商量一下；有意见，商量一下；有难处，商量一下。

除了以上五大原则外，商业银行客户经理还要积极主动地应对异议，并且拿出一种解决问题的态度。只有这样，异议才能得到解决。

异议处理的步骤

世界上没有绝对的和谐，商业银行客户经理给客户提供服务，希望通过优质的服务获得客户的认可，并让客户购买商业银行的相关产品。但是人是有思想的动物，且人人思想都不同。在某个特定环境下，不同的思想、看法经过碰撞，就会产生异议。产生异议是非常常见的一种现象，就像人们吃饭、喝水一般。因此，商业银行从业者要正确对待异议，不要把异议看成老虎，它并不可怕，并不是完全不可处理。如果客户经理能够坚持异议处理的五大原则，按照异议处理的正确步骤去处理，就能够正面解决异议。

处理异议自然有一套科学流程，这套流程一共分为五步，我们可以称之为异议处理的“五步骤法”。

第一步，倾听。

如果双方产生了异议，说明两个人存在思想上、意见上的不同。客户经理想要解决这个问题，首先要做的一件事是暂时搁下自己的思想和看法，听听客户的想法。如果商业银行客户经理坚持自己的观点，非要跟客户争高下，恐怕永远也无法解决异议。因此，异议处理的第一步是倾听。竖起两只耳朵，认认真真听一听客户的心声，在听的过程中反思一下：我的想法和意见是不是也有不合理的地方？是不是也需要调整一下？另外，倾听的主要目的就是对客户的意见和看法进行重新认识。如果商业银行客户经理不能正视客户的意见，也就无法做出合理有效的反馈。

第二步，分享。

倾听过程中，商业银行客户经理还需要将客户意见等重要信息记录下来。当客户说完之后，商业银行客户经理就需要分享自己的看法。分享不是强迫对方接受，而是对客户进行一种友善的展示。另外，分享是建立在客户心理基础之上的，与之前发生冲突的意见完全不同。某客户认为该商业银行的服务不到位，并指出不到位的地方。此时，商业银行客户经理分享了一些自己对服务的认识，他说："服务应该是全方位的，无微不至的。"如果你的分享能够得到客户的正面评价，说明本次分享属于有价值的正确分享。换句话说，商业银行可以按照分享的理念去与客户互换想法，从而达成和解，化解异议。

第三步，澄清。

商业银行客户经理向客户进行意见上的澄清是非常重要的，这一步直接决定双方能否达成和解。比如，某客户经理与客户因为产品问题产生了意见分歧，客户有些生气，认为客户经理是故意的。很显然，客户经理并没有偏见，只是就事论事而已。因此，这位客户经理向客户进行澄清："先生，我没有针对您而故意刁难，我的出发点还是为了您的利益不受损害。您千万不要生气！如果我有哪里考虑不周，还请您及时指出。"向客户澄清事实，也就是告诉客户："我不是故意的，可能是哪里做得不到位，自己没有意识到！"通过澄清，客户就能了解你的想法，并且做出反馈。如果客户认可商业银行客户经理的澄清态度，沟通的紧张气氛也会得到缓解。

第四步，建议。

我们也可以把建议当成提出方案。如果客户接受了你的澄清，希望你给出新方案，客户经理就需要抓住这个机会，将自己的新方案、新建议提交出来。某客户看到客户经理的态度之后，便要求客户经理给出一个新方案。客户经理拿出经过重新思考的方案，然后向客户进行展示："我向您提供三个方案，您可以选择一下。如果有什么问题，我将详细跟您讲解一下。这三个方案与之前存在异议的方案不同，它更能够贴近您的想法。"如果商业银行客户经理提供的方案符合客户的要求，双方和解的概率将会大增；如果客户依旧对方案不满意，商业银行客户经理还需要继续对方案进行调整，在调整方案的过程中加强与客户的沟通、协商。

第五步，行动。

有人说："客户高不高兴，主要看你的行动。"现实中，也有许多人是"光说不练"的"假把式"，讲得很到位，却没有实际行动。对于一名服务者而言，行动才是服务的载体。想要解决异议或者纠纷，商业银行客户经理更需要用行动来证明自己，并向客户展示商业银行积极处理问题的能力。对于客户而言，他们也希望问题第一时间得到解决。比如某客户说："既然你们给出了新方案，那就赶紧试试看吧，不要拖着了!"客户急于看到结果，商业银行客户经理就需要调动自己的积极性，马上行动。

异议处理的"五步骤法"是一套非常成熟的、经过论证的流程，商业银行从业者可以借鉴并使用。当然，商业银行也可以制订一套具有服务特色的处理方案。只要能够解决双方存在的异议，商业银行的一切努力都是值得的。

异议处理的方法

前面阐述了异议的产生原因，处理异议的准备、原则和步骤，如果掌握了上面的知识，也就对异议有了更为深刻的认识。消除异议似乎是商业银行从业者比较重要的一个任务或工作。如果彼此之间存在异议，合作业务就会停滞不前。如果能够消除彼此之间的异议，客户与商业银行的合作也就会更加紧密。事实上，营销服务是一个“沟通—异议—和解”的过程。一次性达成合作的情况虽然也有，但是比较少。如果商业银行从业者能够在服务过程中消除彼此间的异议，也就会给客户留下更为深刻的印象。

通常来讲，处理异议如同处理一件事情，需要掌握一定的方法。处理异议的方法主要有以下六种。

1. 迂回法

有些时候，商业银行客户经理与客户之间出现异议可能仅仅是因为意见不同而已。商业银行客户经理想要说服客户，但是客户想要把自己的想法强加到商业银行客户经理身上，就造成了一种所谓的“不兼容”现象。如果客户提供的意见和想法根本无法通过服务去体现，客户经理就需要采取一种迂回战术逐渐改变客户的想法。迂回法也是一种间接否定法，采取这种方法的目的就是换种方式让客户接受。比如收集支持自己看法的相关证据，借助证据反驳客户，但同时还要对客户进行情绪安抚工作。

2. 转化法

转化法也是商业银行从业者常常使用的一种方法。这种方法的最大特点是接受并采纳客户的观点和意见，直接满足客户的需求。客户之所以会提出异议，是因为自己的需求和要求没有得到满足。如果商业银行客户经理经过判断后发现，客户的需求和要求并不是无法满足，那么就可以直接采纳客户的意见，按照客户的想法进行服务。客户的需求和要求如果得到了满足，客户自然也就不会继续闹情绪，而会选择配合商业银行客户经理的工作。

3. 补偿法

补偿法也叫以优补劣法，就是用更好的产品或服务补偿存在异议的产品或服务。有一位客户买了一个产品，买回家后发现，这个产品存在质量问题，于是他找到经销商，并要求处理。经销商发现问题之后，就会立刻采取危机处理机制，消除客户的异议。比如，经销商对客户说："先生，这个产品质量确实有一点问题，但是并没有影响其基本功能。这样吧，我给您换一个新的。"客户得到新产品，也就不会继续生气了。除了商品补偿之外，还有一种精神补偿法。如果客户使用的商品已经超出了维修或者退换期限，就需要商业银行给客户精神方面的补偿，多说几句宽慰人心的话。

4. 否定法

现实中，无理取闹的客户也是存在的，比如莫名其妙地抨击商业银行的产品和服务，或者造谣商业银行存在某种巨大的漏洞，商业银行客户经理也需要采取否定法去否定客户的不实言论。某客户质疑商业银行存在不安全因素，对客户经理说："我们老百姓的钱放在你们银行里，恐怕也不是那么安全吧？不会平白无故地丢失吧！"面对这样的质问，客户经理给出了意见："先生，确保您的财产安全是我们应尽的义务，请相信银行为您提供的服务，谢谢！"如果客户意识到说错了，或者认为自己的无理取闹是得不到任何好处的，往往会就此作罢，继续配合商业银行客户经理的工作。

5. 合并法

还有一种常见情况是，商业银行客户经理与客户呈现出来的两个方案，虽然存在不同，但是如果互相结合一下，就能形成一个新方案。这种"求同存异"的方法就是一种合并法。通常来讲，客户经理与客户之间存在的异议并不是完全不可调和的，或许只存在服务细节、利益划分等方面的问题，如果进行协商，就能够对双方的意见进行合并。这种方法的好处是，既能够满足客户的需求，也能够确保商业银行自身的利益。

6. 冷处理法

现实中，还有一类爱挑毛病的客户，这类客户对任何服务、推销都会指点一番，这种指点有时是无理的，但是商业银行客户经理又不能进行面对面的反驳，只能采取一种不理睬或者转移话题的方法去冷处理。如果客户感觉到商业银行客户经理对他的意见完全不在乎，或许就会收起自己的意见。

除了以上六种方法之外，科学处理异议的方法还有很多，比如委婉法、反驳法、举证法、忽略法、规避法等，商业银行从业者完全可以根据实际情况使用相关的处理方法。俗话说："不管黑猫白猫，捉到老鼠就是好猫。"只要这个方法能够消除彼此之间的异议，这个方法就是一个好方法。

第十二章

银行网点常见的服务

大堂引导服务

商业银行是一个提供具体服务的商业组织，而大堂就是商业银行的一个重要的服务场所，这个场所与餐厅、美发厅等是相似的。客户来到商业银行大堂办理业务，商业银行服务人员就要在大堂内向客户提供适当的服务。

清晨，一位老年客户来某商业银行办理业务。这位老年客户是一位老太太，她一进入商业银行大堂，神色就有些慌张，看样子她很少来商业银行办理业务。为了帮助她顺利办好业务，该商业银行大堂经理周某微笑着走了过去，然后问老太太："阿姨，您想要办理什么业务啊？"

老太太说："我以前从来没有来过商业银行取钱，平时都是我老伴儿来。"

周某继续问："您打算取多少钱？如果是 2 万元以内的话，可以直接去取款机取款；如果是 2 万元以上就需要去窗口办理。"

"我取 3 万元！"老太太拿出一张存折。

周某得知这个情况，帮助老太太叫了号，然后领着她填单。填单时，老太太告诉周某自己不会写字。周某就帮助她进行填写。填写完毕之后，周某又领着老太太来到休息区就座等待。二十分钟后，叫到了老太太的号，周某又领着她来到高柜窗口进行取款办理。老太太从进门到出门，所有的服务都是由周某提供的。

业务办理结束后，老太太非常开心，并对周某表示了感谢。周某结束了对老太太的服务之后，继续为其他来商业银行办理业务的客户提供大堂引导服务。

商业银行的大堂引导服务是非常重要的。尤其对于一些老年客户而言，为他们提供人性化的引导服务是非常有必要的。如果上面的故事中，周某没有向老太太提供引导服务，恐怕老太太将办不成业务。如今，几乎所有的商业银行都非常重视大堂引导服务。某商业银行行长认为：大堂引导服务能够直接体现一家银行的形象。大堂服务到位，银行的形象就将得以体现；大堂服务不到位，银行的形象就无法体现。现实中，大堂引导服务包含以下重要服务环节。

1. 对客户进行引导分流

每天来商业银行办理业务的人不计其数，有的取款，有的转账，有的办理银行承兑，有的缴费，有的办理理财等。当下许多商业银行都进行了技术升级，许多业务不需要去窗口办理，比如2万元以内的取款业务可以去ATM机办理；开通网上银行也可以在智能柜台上自助办理。因此，商业银行大堂服务人员需要对不同的客户按照业务类型进行引导分流。引导分流有两个重要作用：第一，提高商业银行的服务运行效率；第二，维护商业银行的服务运行秩序。

2. 受理简单的咨询业务

许多客户知道自己的需求，却不知道如何办理业务。因此，他们就有咨询方面的需求。有公司人员来某商业银行办理公司业务，但是这位公司人员是个年轻人，从来没有办理过相关业务，于是他便问大堂经理该如何办理，程序是什么。大堂经理一五一十地告诉他业务办理的具体流程，具体到了哪个阶段也给予他提醒服务。通过大堂经理的帮助，这位年轻人顺利办完了业务。可见，商业银行大堂服务人员对客户提供简单的咨询服务是非常有意义的。

3. 受理客户的意见

许多客户知道业务如何办理，甚至也不需要大堂服务人员的引导、不需要咨询，但是有时候需要大堂服务人员解决一些其他问题。比如，某客户来商业银行办理业务，办理过程中，与高柜柜员发生了冲突，心情非常差。于是他向大堂经理反映："你们银行的服务太差了，这样下去离倒闭就不远了。"大堂经理询问了原因之后，便向客户道歉，然后去柜台进行协调，给客户争取一个好的结果。经过协调，高柜柜员也向客户进行了澄清与道歉。客户的被尊重需求得到了满足，并对大堂经理竖起了大拇指。由此可见，大堂服务人员有时候还要承担起"消防员"的角色。

4. 指导客户使用设备

如今，商业银行进行技术化更新工作，引进了许多新设备，或者对原有的设备进行了技术升级。如果客户来商业银行办理自助业务，有可能不会使用这些自助设备。大堂服务人员的一项服务工作，就是帮助并指导这些客户正确使用自助设备，顺利完成业务办理。

除此以外，大堂服务人员还要提供许多细节的服务，比如给老人提供老花镜，对大堂地面进行及时清理，对客户填写的单据进行简单的预审等。换句话说，大堂引导服务并不仅仅是简单引导，而是一种无微不至的全能服务。

柜台站立服务

古代，有一个叫张恒的人开了一家药铺。张恒非常会做生意，凡是来药铺抓药的，他都会送上药方和熬制的方法。许多顾客也夸奖张恒："这位老板会做生意，将来一定能够发大财。"

另外，这位张老板并不是坐等生意上门，而是"站等"生意。有一年，一位顾客冒着大雪不远数里来张老板的药铺抓药，看到张老板一直站着，便好奇地问："张老板，别人都是坐着做生意，你为何站着啊?"张老板说："如果客人站着我坐着，岂不是我的地位比客人的地位高了?这样不行！做生意要平起平坐，客人站着我也得站着。"

这句话听上去有点滑稽，但综观整条街，站着做生意的人也只有张老板这一个。其他人几乎都是清一色坐着。虽然有个别人觉得张老板的这种行为是一种哗众取宠的行为，但大多数顾客都认为：张老板真是一个谦谦君子，甚至连站着还是坐着这种细节都如此在乎。正因如此，张老板的生意好得不得了，药铺几乎天天门庭若市。

上面的故事貌似与服务关系不大，但实际上恰恰是一种服务精神的展示。商业银行这类纯粹性服务机构更需要这种站立服务。

某商业银行在自己的片区内开展柜台站立服务，凡是客户来柜台办理业务，客户经理都要先站起来向客户鞠躬，然后再进行业务办理。

有一天，一个人来该商业银行办理业务。这个人脸上挂着怒容，似乎心情不太好。等了20分钟，终于轮到他办理业务了。他刚刚来到柜台，客户经理便站起来，然后微笑地向客户鞠了一躬，并对客户说："我叫张××，编号118号，今天由我为您提供服务，如果服务中有什么问题，请您及时告知，我将竭尽全力为您解决。”这位一脸怒气的客户看到这一幕后，脸上的怒气似乎一下子就不见了。服务结束后，这位客户说：“其实我今天心情非常不好，单位、家庭都出了点事。如果我来银行办理业务，哪个不识趣的人惹我生气了，我会毫不留情地让他吃苦头！但是我看到这位女士提供的服务，无论如何也生不了气。如果每一家服务机构都有这样的服务，也就没有烦心的客户了。”

这家商业银行开展柜台站立服务以来，业务量比平时多了25%。业务量的增加带来的是商业银行经营效益的变化。那些想要在业务上做文章的商业银行，完全可以通过开展柜台站立服务，提升服务质量来吸引更多的客户上门。

柜台站立服务是一种非常值得推广的服务项目，这个项目可以给商业银行带来三个变化。

1. 树立商业银行的形象

有一位商业银行行长说：“商业银行的生意是怎么做大的呢？就是靠着自己的形象与口碑一点一点做大的。如果没有一个良好的服务形象，恐怕也没有客户愿意上门了。”很显然，柜台站立服务能够帮助商业银行塑造良好的服务形象，商业银行通过站立服务向客户传达一种服务精神和服务理念，也就间接告诉客户：“客户是上帝，服务上帝需要采取这样一种站立服务的方式。”当客户感受到这样的服务后，自然会心情愉悦。

2. 拉近商业银行与客户之间的距离

坐着服务客户的距离比站着服务客户的距离还要远，只有站着服务，商业银行从业者与客户的距离才是合适的。许多客户看到商业银行从业者稳稳地坐着，甚至面无表情地办理业务，总会思考：服务上帝难道就是坐着提供服务的吗？如果商业银行从业者看到客户到来，站起来向客户鞠躬，然后再竭尽全力地为客户办理业务，无形中也就拉近了商业银行与客户之间的距离，给客户一种温暖的感觉。

3. 提升服务质量

什么是优质服务呢？优质服务一定是优质形象与优质服务礼仪的结合，二者缺一不可。柜台站立服务就是一种个人形象结合标准礼仪的服务，推广这种服务对提升商业银行的整体服务质量是有帮助的。就像某银行行长所讲：柜台站立服务是一种基础服务，但也是一种最能体现服务精神的服务，如果能够将柜台站立服务推广开来，对整个银行的品牌建设也是有帮助的。

如今，许多商业银行都在推广柜台站立服务，并通过这种服务方式收获了良好的经营业绩。

网点语音服务

如今，许多公共服务场所都有语音提示服务。语音服务的出现，也大大提高了公共服务场所的服务质量，比较有代表性的如汽车站或者公务大厅等。许多客户来到这样的公共服务场所办理业务，有时候是完全不知道流程的，也就不知道从哪里下手。如果没有语音服务提示，客户就只能询问相关的工作人员。但是有一个不可忽视的问题，如果客户数量较多，工作人员人手不够，就会带来很多问题。比如，如何引导分流客户？客户需要配合公共服务场合做哪些事？客户应提前准备什么？如果有了语音服务，这样的问题将会大大缓解。

某国有一个旅游胜地。每年来这里游玩的来自世界各地的游客不计其数。但是想要进入这个旅游胜地需要办理一个手续，并不仅仅是购买一张门票这么简单。最初，许多游客因为手续不全而被拒之门外。游客心情不好，便问旅游胜地的服务者："为什么不让我们进？我们手里有票!"服务者说："您还要办理一个手续才能进入。"游客百思不得其解，说道："你们根本没有提醒，我怎么知道需要办理什么。"拦下游客之后，服务者才带着游客去服务中心办理手续，办理完手续才放行。

但是这个旅游胜地来往的游客实在太多，服务者太少，根本忙不过来，许多游客非常不满，选择投诉："这么有名的一个地方，竟然还有这么落后的管理方法和这么差的服务。再这样下去，恐怕连"旅游胜地"的名号也要受牵连了!"事实上，该地的旅游管理公司也非常着急，它着急的原因在于不知道如何提升服务质量，解决手续办理的问题。就在这时，有一位经理建议："为何我们不启动语音服务呢？如果在服务大厅安几个喇叭，然后不间断地播放手续办理流程。游客听到了语音提示，自然会知道如何办理手续了!"后来，服务大厅里就有了语音服务。许多游客听到语音提示之后，自动拿出相关证件去相关窗口办理手续。语音服务不但大大减轻了服务者的引导分流压力，而且提高了服务效率，减少了游客的抱怨。

语音服务是一种智能服务，许多商业银行都有这种服务。某商业银行行长说："我行早在20年前就启用了客户语音服务，但是当时的服务内容比较单一，仅仅限于电话的呼入业务，后来逐渐发展到呼入业务与呼出业务并举，甚至发展成为咨询、交易、维护、投诉等一条龙式的语音服务，语音服务越来越专业，渗透到各个服务层面，不仅缓解了商业银行的服务压力，而且大大提高了服务效率和服务质量，带给客户更好的服务体验。"由此可见，语音服务对一家商业银行的网点建设会起到巨大的推动作用。语音服务有很强大的功能，具体情况如下。

1. 智能导航

许多客户来商业银行办理业务，都需要商业银行大堂服务人员进行引导分流。如果客户较多，大堂服务人员的工作量是非常大的，忙不过来也非常正常。但是如果商业银行有语音服务，这样的问题和压力将会大大缓解。客户根据语音提醒可以自动到功能区办理业务。比如听到语音提醒后，办理2万元以内取款的去ATM机，办理大额转账等业务的去叫号排队，办理VIP大客户业务的去VIP客户窗口等。语音服务的最大功能就是智能导航，将不同的客户引导分流到不同的功能区域内。

2. 配合智能系统升级

如今还出现了一些商业银行新网点，这些网点是无人银行。有人问："无人银行该如何办理业务?"事实上，这种无人银行是一种智能自助银行，比较适合年轻人或者追求科技体验的客户使用。当然。无人银行也是互联网时代的银行，代表着未来发展的一种方向。在无人银行办理业务，非常需要智能语音服务的配合。换句话说，智能语音等同于银行服务人员的语音服务。在服务语音的提示下，客户会掌握办理某种业务的流程，并能够顺利实现自助业务办理。

3. 降低成本

众所周知，绝大多数的商业银行都是重资产的银行，开设银行网点，庞大的员工队伍，使运营开支非常大。在新时代，许多商业银行意识到经营发展的问题，打算转型为智能化、轻资产的商业银行，借助技术升级和智能优化技术取代传统的密集劳动力。在商业银行网点采用语音服务，不仅可以减轻服务人员的服务压力，还可以减少服务人员的聘用数量，从而降低商业银行经营成本。

虽然当今许多商业银行采取的语音服务还存在一些缺陷，但是通过技术升级，并且将技术与服务进一步结合，可以大大提高语音服务的质量，继而提高商业银行的综合服务能力。

客户承诺服务

过去许多企业、组织走了一条“重服务、轻承诺”的经营之路。所谓“重服务”，就是偏重服务，以服务代替承诺；所谓“轻承诺”，就是无法承诺的不承诺，不能够完全承诺的选择更加保守的承诺方式。这种经营之路有好有坏。好处是，客户能够享受到高质量的服务，在缺少必要承诺的前提下会适当降低自己的心理预期；坏处是，客户因为没有得到承诺而心里没有底。

有一位老板，他发明了一种机器，这种机器可以进行自动耕种。在当时那个年代，这种自动耕种机非常先进，甚至可以填补市场空白。于是这种机器刚一上市，就得到了许多种粮大户的高度关注。

有一天，有一位种粮大户来到经销处询问自动耕种机的价格和性能。经销商说：“我们这种机器性能非常稳定，而且效率很高，一台机器可以顶二十个壮劳力。如果你家里地多，买一台机器再合适不过了。”种粮大户非常动心，于是继续问：“这台机器能用多长时间啊？寿命是多久？”这句话问住了经销商。因为它是个新产品，谁也不好说它到底能用多少年。这位经销商非常实在，如实告诉种粮大户：“这种机器很不错，但是使用寿命我无法保证。毕竟它是个新产品，谁也没有具体用过。我只能说，出厂之前的实践效果是很不错的。”

因为无法得知使用年限，这位种粮大户非常犹豫，他心想：如果它质量好，我能多使用几年；万一它很快出了毛病，我岂不是赔了钱？经过一番思想斗争，这位种粮大户最终还是购买了自动耕种机。但是他也显露出一丝无奈。

虽然这位老板，也就是自动耕种机的发明人因为自己的发明大赚了一笔，但是这位发明人无法控制产品的质量，最后只能以500万元的价格将发明专利出售给了一家有实力的公司。

这个故事看似与商业银行没有关系，但是服务客户与承诺客户都是一样的。如果商业银行提供的服务是一种没有承诺的服务，客户恐怕就会非常担心，他们害怕自己的利益会在不知不觉中遭到损害。因此，商业银行要想减轻客户的这种心理压力，给客户信心，就需要提供承诺服务。

有一位保险推销员叫史密斯，他是一位非常有资历的保险经理。他的人生格言是：将温暖和承诺带给每一个家庭。有一年，他服务一位退伍老兵。这位退伍老兵因为参加过战争，患有创伤后应激障碍，对一些欺骗和谎言怀有恶意，甚至有强迫症。

史密斯见到这位退伍老兵的时候，退伍老兵向他发牢骚：“你看到了吗？我的这条腿是假腿！在战场上，上尉告诉我，只要有勇气，运气就会站在我这一边！很显然，他欺骗了我！”史密斯安抚了老兵的情绪，然后对老兵说：“我从事保险工作25年，从来没有欺骗过一位客户。凡是我服务过的客户，都得到了一份保障。我可以很确切地告诉你，我不会欺骗你，我只会向你做出承诺，而这个承诺是你将会得到一份有保障的保险。”史密斯又斩钉截铁地补充了一句：“如果你相信我的话！”

老兵经过反复试探，发现史密斯的语气都一样肯定。史密斯笑着说：“如果我连这点信心都没有，怎么还敢与你见面呢？”老兵慢慢放下了疑虑，然后对史密斯说：“我就相信你这一次，你不要让我失望！”

此后的三年里，史密斯数次来到老兵家中，老兵都非常高兴。老兵非常感谢史密斯，他说：“虽然我上过当，一度不信任各种承诺。但是你兑现了这个承诺，也让我对生活恢复了信心。”

故事中的史密斯向客户提供的服务，就是一种承诺服务。客户得到了承诺，就会感到放心和舒心。如果客户处于一种不放心、不舒心的状态，会做出什么举动呢？比如，某客户说：“如果我没有得到承诺，我就会选择一家能够给我承诺的公司。虽然承诺是‘口头上的’，但起码我能放心啊！我想买一部手机，如果营业员告诉我，无法保证这部手机能使用一年，且充电时有极微小的概率会因电池问题发生爆炸，我为什么还要买这部手机呢？”客户希望得到承诺，客户更希望客户经理能够履行承诺，兑现承诺。由此可见，承诺服务不是一句话服务，而是一整套服务。

除此之外，承诺服务还会加大商业银行客户经理的工作积极性。许多时候，客户经理得不到承诺，也就没有信心向客户推销产品。言外之意，商业银行要首先承诺客户经理，然后再让客户经理承诺客户。如此一来，承诺服务才能发挥最大的价值。

行长坐堂服务

古时候有一家很有名的中医门诊，这家门诊的开创人曾经给皇帝治过病，因为性格原因而没有留在宫中，后来便在家乡开了中医门诊。他的名字就是金字招牌，许多人都奔着他的名字来治病。但是有人说：“这家门诊虽然有名，但是也没有什么用啊！”

“为什么没有用？”有人继续问。

这个人说：“师父确实是个能人，但是给病人看病的都是他的徒弟。这些徒弟水平有的高，有的低，但是都不如他们的师父。如果不是他们的师父亲自坐诊，也就没有什么用啊！”

这家门诊虽然生意很多，也开了分店，但许多患者更希望师父亲自诊断治疗。后来，这种意见越来越多，师父也终于坐不住了。于是他决定，每个星期的周二、周四、周六在中医门诊一店坐诊，每个星期的周一、周三、周五在中医门诊二店坐诊。

人们听到师父亲自坐诊，来看病的人更多了。许多人为了找他看病，排起了长龙。其实他们只是认为：我们需要得到医术高明的人的服务。事实上，这种师父亲自坐诊的服务更体现出一种真诚。该中医门诊后来又开了五家分店，这位师父每天换一个地方坐诊。

师父坐诊与当下的专家坐诊没有什么区别，专家坐诊也是为了提高服务质量，体现医院的一种诚意。如今，许多商业银行也在开展银行行长亲自坐堂服务客户的活动，且收效显著。

广东某商业银行吴行长，就是一位选择亲自坐堂服务的行长。他认为：行长不应该只在幕后做管理，也要站到前台做服务。如果一家商业银行有其科学的管理规划和管理流程，行长完全可以腾出双手去做一些实际性的工作。行长是服务带头人，为客户亲自服务是本职工作，更是一种责任义务。因此，吴行长每天都会挂着工牌出现在网点大堂内。

有一次，一位年轻女客户因为一点问题与柜员争执起来。女客户吵着嚷着要向行长反映一下。此时，吴行长走到女客户的身边，微笑着说：“您好女士，您有什么问题可以向我反映，我将竭尽全力为您提供帮助！”这位女客户不知道他是行长，因此就说：“我跟你说不清，把你们的行长叫出来，我要向他反映，让他瞧瞧自己的员工都是怎么做服务的！”

事实上，吴行长早已经知道前因后果。错不在高柜柜员，而是年轻女客户有些无理取闹。但是吴行长必须要把客户的问题解决好，而不是把矛盾扩大化。于是他对年轻女客户说："这位女士，我就是这家银行的行长，我叫吴××。您直接向我反映就可以了。"吴行长亮出自己的身份之后，这位年轻女客户似乎一下子收敛了许多，她可能也意识到了自己的问题，便向吴行长陈述，柜员哪句话说得不对，毕竟自己是客户，希望商业银行给客户留点面子。吴行长也对年轻女客户说："您的意见对我们商业银行的成长非常有帮助。"

吴行长就像一名普通的银行服务者一样，向客户提供一些最基本的服务，比如引导分流、提供咨询建议等。许多客户得知他是行长的时候，纷纷向他竖起了大拇指，并对吴行长的行为给出好评："这位行长真是一位好行长，他提供的服务也代表着商业银行的服务。"年底服务评比时，客户亲自打分，吴行长的综合评分最高，因此也给许多员工树立了榜样。因为吴行长亲自坐堂服务，所有的银行员工都在积极努力工作，该商业银行的服务气氛也是所在片区内的所有商业银行中最好的。

行长坐堂服务不仅体现了商业银行的服务形象，而且有三大作用：第一，行长坐堂服务，为其他员工树立了榜样，起到了带头作用。在这种作用下，其他员工也会自动向行长看齐，并且能够充分调动自己的工作积极性和服务积极性。第二，行长坐堂服务，可以对商业银行内的服务工作进行现场指导，并且能够对员工的服务工作进行监督。第三，行长坐堂服务，能够给客户带来更加舒心的服务，比如有银行打出"有问题找行长"的标语，行长亲自为客户办理业务，更能让客户感到放心。

商业银行行长是商业银行的带头人，也是服务领航者。亲自为客户提供服务，也是一项不可推卸的本职工作。行长坐堂服务客户，能够让客户感受到商业银行的诚意，客户也会因此愿意来商业银行办理业务。

网点首问服务

如今，各大商业银行都在挖空心思做服务，服务类型也是五花八门。但是无论如何，为客户提供优质的服务便是商业银行的责任和义务。各种类型的服务，通常是针对不同的问题而出现的。首问服务就是由首问责任人负责解答客户的疑问，从而做到有问必答、有疑必释。如今，许多企业、组织采用首问服务来提升整体的服务水平，并提高工作效率。

有一位乘客准备乘飞机去外国。因为他从来没有出过国，心里一直有一些疑惑，需要帮助。当他抵达飞机场时，他似乎有些紧张。于是他问旁边的一位乘客，旁边的那位乘客也没有给他正面答案，而是告诉他："你去服务台咨询一下吧，机场工作人员的回答更确切。"于是，这位乘客来到咨询柜台咨询。

负责解答问题的服务人员是一位年轻漂亮的姑娘，她微笑着接待了这位乘客。乘客问："我的一位朋友从网上帮我订了一张去澳大利亚悉尼的机票。过两天就是我女儿的毕业典礼，我女儿在澳大利亚留学。我不确定网上订的机票能不能用，您可不可以帮我查一查？"于是这位服务人员帮他进行了查询，然后微笑着告诉他："先生您放心，您的机票没有问题。飞机的起飞时间是明天下午 2 点 40 分，请您不要错过登机时间，登机要提前 40 分钟到 1 小时。"

由于此时已经是晚上，乘客并不是当地人，他还有住宿的需求，于是进一步咨询："我还有一个问题，就是机场住宿的问题。我去哪里住比较合适？"服务人员告诉他有两种选择："您可以在我们机场酒店住宿，规格是四星级，非常温馨舒适，酒店就在机场门口左侧 300 米，您一出门就能够看到；另外，您还可以乘坐的士到市区居住，从机场到市区 25 千米，乘坐的士的费用在 80 元到 100 元。您可以根据自己的时间、想法自由安排。”

得到答案的乘客非常高兴，并对服务人员伸出了大拇指，他表扬服务人员：“如果其他机场也有像您这样的服务，我想乘客与机场之间就不会产生任何矛盾了！”

这则故事虽然讲的是机场提供的首问服务的故事，但是同样适合商业银行。机场是一个提供空乘服务的场所，而商业银行是提供金融服务的场所。同为服务输出机构，二者在某种意义上具有一致性。因此，在商业银行开展首问服务也是非常有意义的，如今，国内也有许多商业银行正在尝试开展首问服务工作。

南方某商业银行为了提升整体服务质量，加大服务纵深力度，给客户良好的服务体验，开展了首问服务工作，并建立首问责任制，对首问责任人进行考核和问责，取得了非常好的效果。建立首问责任制是建立首问服务的基础性工作，因此商业银行需要了解首问责任制，才能制定相关制度，借助制度监督运行首问服务工作。首问责任制包括以下几项主要内容。

1. 首问接待

首问接待，就是首问责任人对提问的客户提供的接待服务。比如对客户的姓名、联系方式、提问问题等进行登记，然后对客户的提问进行解答。首问解答是一个必须要给出答案的解答。换句话说，客户提出问题，对问题的答案有迫切的需求，首问责任人就必须满足客户的需求。这里强调一个词——必须。如果客户提出的问题首问责任人因权限而无法作答，就需要让其他部门或者工作人员协助解答，并给出客户满意的答案。

2. 首问承诺

前面提到了承诺服务，客户来商业银行办理业务，需要一个承诺。承诺有什么用处呢？承诺可以消除客户的疑虑，可以让客户产生信任感。首问服务并非只是给出答案，而是在某种程度上向客户做出承诺。如果现场解决不了或者无法快速给出答案，首问责任人必须要承诺客户具体的解答时间和处理结果，让客户放心。

3. 首问考核

如今，绝大多数的商业银行都把员工服务质量纳入考核，并以此为依据对商业银行员工进行评价，评价结果与其职称、福利挂钩。很显然，首问责任制也需要将首问服务质量纳入考核，对首问责任人进行监督、考评，从而激励首问责任人以更好的态度和状态服务客户。如果首问责任人出现了问题，商业银行还要对首问责任人进行问责，从而确保首问服务的质量，并以此建立首问服务体系。

4. 首问监督

许多商业银行都有监督投诉电话，商业银行也可以根据实际情况专门建立“首问监督投诉热线”，邀请客户参与首问服务建设，并接受客户的监督。

首问服务并不是一项难以执行的服务，而是一项基础性的解答服务。客户来商业银行办理业务，绝大多数是需要银行人员解答问题的，而不是简单办理一个手续就可以。另外，首问服务也是商业银行展示自身形象的窗口。如果首问责任人能够给客户留下良好的首问印象，就会将商业银行的良好形象传达给客户。

业务限时服务

过去，我们常常能够在商业银行大厅看到排长龙的情形。如今商业银行改用叫号代替排队，其实依旧有一条隐性的长龙排在后面。事实上，绝大多数客户都认为商业银行最大的问题是服务效率问题。有的业务，恐怕要办理10~20分钟。如此低效率，也实在令客户感到无奈。

某企业向员工提供免费午餐，6元一份，一荤一素一汤。员工凭票领餐，一张票领一份。按理说，餐厅窗口提供的服务是流水线配餐服务，只要技能熟练，配餐速度应该是非常快的。但是该餐厅被企业承包给个人之后，服务效率便大大下降了。

原本餐厅窗口从来不排队，现在却排起了长龙。有一名员工说："那个打菜的师傅，一边打菜一边闲聊。打一份菜，停一会儿；再打一份，再停一会儿。"事实上，员工对这位师傅的服务感到不满。其他几个窗口也是如此。许多员工原本吃完饭可以休息一下，如今却把休息的时间花在了领餐排队上。

后来有一位领导看不下去了，便找到餐厅承包人："你们提供的服务不行，效率太低了。员工们中午需要休息，下午才有精神工作。如果你们不能提高服务质量，我们企业就只能将承包权收回来了。"承包人看到公司领导生气了，才做出承诺："从明天开始，绝对给你和员工一个满意的答复。"企业领导走后，承包人开始找窗口服务人员谈话，并出台相关规定：凡是在工作期间聊天的、故意拖延时间的，每发现一次罚款100元。

这个办法很管用，第二天窗口服务效率就提高了，餐厅排队现象大大缓解。员工们很满意："这样多好，不需要排队，我们也就有时间多休息一会儿了。"

时间就是金钱的道理谁都明白，想要提高服务质量，提高服务效率是最重要的。某顾客来到一家高档餐厅消费，这家餐厅环境非常优雅，餐厅的服务人员素质也非常高，但是有一个问题迟迟无法解决：上菜时间过长。有位顾客来到餐厅后，接近20分钟也没有等到一盘菜，便生气地问道："你们再不上菜，我就要'饿死'了！难道你们餐厅做菜这么费事吗?"餐厅服务员总是不停地道歉，然后对顾客说："您再耐心等等，我刚才帮您催过了。"后来，这位顾客因为吃午饭而差点儿耽误下午的工作。而这家餐厅给出的解释是：为了保证菜品质量，不得不放慢上菜速度。虽然餐厅的想法是好的，想要给顾客提供高质量的美食，但是时间是不等人的。想尽办法提高上菜速度才能够从根本上改变顾客对餐厅的坏印象。对于商业银行而言，也是如此。

南方有一家商业银行网点做得非常不错，它开展业务限时服务后，大大提高了服务效率，几乎消除了排队现象。

众所周知，客户来商业银行办理的业务种类不同，办理的业务也有难易之分。简单如取款转账等业务，可能1分钟就办完了；复杂如汇兑业务等，可能需要5分钟甚至10分钟。还有一些业务，比如挂失、开卡等，看似很简单，但是还要网签审核等，也需要一定的时间。因此，想要用一个具体的时间统一所有的办理业务是不可能的。商业银行需要做的是：第一，对客户办理的常见业务进行分析，然后分类整理出办理每一种业务所需要的大概时间；第二，进一步提升商业银行员工的工作技能，通过提高服务的熟练程度来提高办事效率；第三，员工实体演练服务项目，并对服务时间进行计时，从而得到一个熟练办理某种业务的具体时间，而这个时间就被用于限时服务，要求商业银行服务人员必须在某个时间内完成这项服务工作。不同的业务也就有了 1 分钟、2 分钟、5 分钟、10 分钟的限时划分。

为了接受客户的监督，这家商业银行网点还提供了按铃“计时器”。通过这种方法，该商业银行的服务效率大大提高。甚至许多客户宁可来这里排队办业务，也不愿意去周围其他商业银行。

客户都是非常感性的，大多数人都有时间意识，更希望业务办理得越快越好。限时服务虽然因不同的业务难以界定时间而不好明确限时规则，但是上述商业银行还是制订出了合理有效的方案。俗话说：“世上无难事，只怕有心人。”只要商业银行肯下功夫，就能解决服务效率低的难题。

网点延时服务

限时服务与延时服务完全是两个概念，许多人好奇地问：“限时服务是为了提高服务的效率，那么延时服务呢？岂不是与限时服务自相矛盾？”这里的延时服务是指延长商业银行的工作时间。比如，原来的营业时间是早上 9 点到下午 5 点。众所周知，许多上班族在 5 点之后才下班。如果工作期间不允许脱岗外出，恐怕就很难有机会去银行办理业务。如果有这样一家还在营业的商业银行，也就能够帮助这些上班族解决问题。

在某城市有一家深夜食堂，这家食堂 24 小时营业。在同行眼里，这家深夜食堂似乎太看重盈利了，甚至有同行老板讽刺深夜食堂的老板：“他是一个唯利是图的家伙，赚一分钱的机会都不想放过。”但是这位深夜食堂的老板有自己的说法，他讲了一个故事：“几年前我还在一家公司上班时，经常加班，有时候要半夜一两点钟才下班。这个时候我通常又累又饿，很想吃一碗面，或者喝一点酒。但是我发现，从公司到我家，竟然没有一家可以提供夜宵的餐厅。想要解决这个问题，我只能拖着疲劳的身体回家自己做饭。我的很多同事也盼望有一家深夜食堂，半夜饿了，也可以出来饱饱地吃上一顿，然后再回家休息。”事实上，这位老板开深夜食堂的目的只是让加班至深夜的疲劳人群能够在漆黑无边的都市里寻找到一个休息之所，在这里可以吃一点东西，听一听音乐，缓解疲劳。

有一位资深食客叫阿东，几乎每天凌晨 1 点都会准时到这里。阿东是一位网络工程师，几乎天天加班至深夜。下班之后，他总是想要吃一点东西。后来有了深夜食堂，阿东就成了这家店的“铁粉”。阿东说：“因为我的工作原因，我对深夜食堂有着强烈的需求。我几乎每天都会来这里吃一点东西，然后再回家睡觉，我对深夜食堂有一种感激之情。”事实上，许多来深夜食堂的顾客都有相似的看法。深夜食堂的老板通过深夜食堂赚到了钱，还认识了许多志同道合的朋友，深夜食堂的口碑也是业界一流。

虽然上面的故事只是一个餐厅的故事，但是延长工作时间，会不会给更多客户带来方便呢？然而有一位商业银行管理者认为：商业银行延长营业时间是不可取的，延长营业时间意味着经营成本大大提高。他还举了一个例子，商业银行网点提供的常规服务是以“服务为主”的服务，商业银行几乎无利可图。延长营业时间，还需要对商业银行员工进行补贴，产生的开支要远远大于日常经营时间内的开支。换句话说，许多商业银行不愿意做这种不赚钱的生意，宁可坚持“早 9 点至下午 5 点”的固定营业时间。此时有客户问：“如果我们有相关需求，银行也不提供这样的服务吗？”说到底，还是这些商业银行“嫌贫爱富”，对客户的“爱”是一种“虚情假意”的爱，并不能体现“客户至上、服务至上”的精神原则。对于这些商业银行而言，延长服务只是“愿不愿意”的问题而已。

如今，商业银行之间的竞争非常激烈，且其他民间金融企业也纷纷进入市场，跟商业银行一起抢夺市场。如果其他商业银行或者金融企业提高了服务质量，势必要对一些商业银行的市场占有率产生巨大的影响。在这种特殊的环境下，商业银行借助服务争取客户源就是一个非常实用的方法，它也能够解决传统商业银行竞争不力的尴尬问题。某商业银行行长认为：如果能够适当延长两个小时的营业时间，从下午 5 点延长至晚上 7 点，就能够满足许多上班族、老年人等特定客户的需求。商业银行不能够只注重眼前的利益，而是应该把视野打开。一位客户就有可能是一座“金山”，商业银行需要努力将这座“金山”留住。另外，商业银行作为一个服务机构，也应该想方设法甩掉“唯利是图”的帽子，还原其服务的本质，并给客户带来更多、更大的便利。

事实上，延长服务时间并不是高层领导的一句建议，而是许多客户明明白白的需求。如果商业银行通过延时服务吸引更多的客户上门，将会产生更大的服务延伸价值和品牌效应。不管从哪个角度来看，商业银行开展延时服务都是一件好事。在当下激烈的市场竞争下，选择与客户站在一起，更是一种遵循时代发展潮流的做法。

银行上门服务

如今，许多商业银行都能够将服务做到家。这个“家”，是一个实实在在的家。或者说，是商业银行提供的一种上门服务。

山东有一个商业银行网点，因为经营战略调整，迁到了距离原地址两千米远的地方。众所周知，商业银行网点迁址也会给一些人带来不便。

有一年，一位中年客户打电话问：“你好，我想开一张新卡。但是银行网点迁址了。到底迁到哪里去了？我急需办理这一业务。”

商业银行网点工作人员告诉他新地址和网点营业时间。但是这位中年客户连连叹息，道出实情：“哎呀，这么远啊！如果我不是受伤的话，近一点的地方我也能够去了，现在那里实在是有点远。”后来，商业银行网点工作人员向上级汇报此事，上级领导决定为这名中年客户提供上门服务。于是，商业银行网点工作人员联系到这名中年客户，并说：“您好，我是银行小王。银行了解到您的困难，决定上门为您办卡，您什么时候方便？”听到这话，中年客户非常激动，他说：“太感谢你们了！白天你们来，我都在家。”第二天上午，商业银行网点工作人员就拿着自助开卡机来到中年客户家里，为客户开通了银行卡。中年客户对商业银行网点工作人员竖起了大拇指，说：“你们的服务，才是真正服务到家的服务。”

事实上，这家商业银行网点一直上门服务多名不方便来网点的客户，这些客户多半因为身体问题而无法来商业银行网点办理业务。比如客户经理刘某，长期服务一名卧床不起的老年客户。刘某坚持每月月初给该老年客户打一次电话，了解他的需求。如果老年客户有银行方面的服务需求，她就直接选择上门服务。

为了给这些特殊客户提供便利，这家商业银行网点在了解了客户不能临柜办理业务的情况下，就会开启绿色通道服务，由专人负责上门办理。正因为这家商业银行网点把服务做到了极致，许多客户都纷纷赞扬，并希望它能够坚持下去。

上门服务看似很简单，实际上做起来非常难。某商业银行行长说：“上门服务并不是一件容易的事情，它对银行职员的身体体能、责任感、意志力都是一种巨大的考验。”这位行长回忆了一个上门服务的案例。

在我国西南地区，有一家农商银行网点长期为农民提供进村上门服务。有几个村落位于山巅之上，村民下山也只有一条路可以走。许多人上了年纪后就不再出村。

为了解决村民办理业务不便的问题，也为了普及银行业务，拓展业务范围，这家农商银行网点开展了进村服务和上门服务。该农商银行网点的一位主任说："进一次山村非常不容易，我们要驱车10千米来到山下，还要走3千米左右的石阶路，才能进村。因此，每一次上门服务都非常不容易。如果赶上雨季，山路更加难走。"不过这家农商银行网点坚持将服务做到底，定期进村服务。个别老年客户出不了村，只要一个电话，工作人员很快就到。正因如此，这家农商银行网点被评为"老百姓最信得过"的商业银行网点。

上门服务是一种真正意义上的"急客户之所急、忧客户之所忧"的服务，是真真正正把客户放在心上，客户一个电话，商业银行就能够迅速做出行动的服务。

上门服务是一种极致的服务，能够真正体现服务的精神。如今，互联网技术越来越发达，许多客户完全可以选择在家里线上办理业务。但是对于许多不懂互联网且行动不便的客户而言，"特事特办"或者"绿色走廊"式的上门服务还要继续保留并坚持。只有这样，商业银行才能赢得客户的信任。

银行提升软硬件服务

互联网时代，许多企业、组织都在与时俱进，根据客户的需求和社会流行趋势而不断提升服务软件和服务硬件。例如，顾客在餐厅消费，只需要餐厅提供两样东西，一样是支付二维码（微信、支付宝），另一样是Wi-Fi。

支付二维码方便顾客付款，Wi－Fi方便顾客上网。如果一家餐厅既没有支付二维码也没有Wi－Fi，生意就会受到影响。餐厅是这样，商业银行也是这样。如果商业银行的软件、硬件非常落后，不符合现代人的需求，也就会被社会所淘汰。因此，商业银行提升软硬件服务是一件非常重要的事。

广东某商业银行对商业银行的系统操作软件进行了升级。升级之后，整体的服务效率提高了1/3。负责该商业银行软件升级的工程师小王表示，升级软件之后，操作系统会更加快速，延伸性也会更好，具体有六个方面的判断标准：第一，升级之后的系统在易用性上是不是增强了；第二，升级之后的系统在处理效率上是不是更加快速了；第三，升级之后的系统在安全性上是不是得到提高了；第四，升级之后的系统在伸缩扩展业务功能方面是不是更加强大了；第五，升级之后的系统在兼容性方面是不是更加稳定了；第六，升级之后的系统在数据处理方面是不是更加强大了。如果软件升级之后，在这六个方面均有不同程度的提升，则说明软件的升级是成功的。经过软件升级，这家商业银行服务效率大大提升，排队等号现象减少了。

商业银行升级软件系统，是为了增强服务安全和提高服务效率；商业银行升级硬件，能够给客户带来更好的环境体验。

山东某商业银行，为了更好地服务客户，给客户提供更加舒适、温馨的服务环境，对服务硬件进行了整体升级。比如，购买了两台十匹的立式空调，给炎炎夏日来办业务的客户提供凉爽舒适的服务环境；购买了两台65寸液晶电视机，让等候的客户可以边观看电视边进行等待；购买了软硬适中的沙发，给客户带来更好的休息体验等。

另外，当时许多商业银行没有开通Wi－Fi，而这家商业银行不仅开通了Wi－Fi，而且提供客户免费上网服务。客户可以在等号期间上上网，看看电视，并且还有直饮水无限供应，给客户营造出一种家的感觉。更值得推荐的是，这家商业银行非常注重细节，把光滑的地板换成了防滑地板砖，对所有坚硬的带尖的部分都进行了特殊处理。这样一个小小的升级，也将大大提高服务场所的安全系数，给客户一个更加安全的服务环境。

这家商业银行的行长认为：服务需要服务硬件的配合。如果仅仅是靠客户经理提供服务，客户是不会满意的。试想一下，如果让一位顾客在一个环境很差，但是服务态度很好的地方吃饭，他会愿意吗？自从这家商业银行对服务环境进行升级之后，客户流量比往常增加了30%。

有些商业银行做得非常到位，有些商业银行却并没有因软硬件升级而提升服务质量，原因是什么呢？有这样几种情况，商业银行经营者需要注意一下。第一种情况，ATM机和CRS机（存取款一体机）配备的数量太少。如果一家商业银行网点规模较大，人流量较多，就需要配置相对数量较多的ATM机和CRS机，只有这样才能提高服务效率，减少营业大厅的滞留客户数。第二种情况，硬件设备出现故障，没有及时修理。现实中，许多客户都遇到过这种尴尬的事情。一个人拿出银联卡准备取款的时候才发现，ATM机出现了故障，或者ATM机余额不足。因此，需要商业银行人员及时对出现故障的硬件设备进行维修，以免影响客户正常使用。第三种情况，没有公共厕所。事实上，国内的商业银行网点，99%没有公共厕所。某商业银行工作人员说："如果商业银行设置公共厕所，其他不办理业务的人也会来上厕所，安全隐患得不到控制。"事实上，即使不设置厕所，也存在同样的隐患。很显然，商业银行管理者只是找了一个托词而已。如果商业银行能够做好相关监控、保卫工作，开放厕所并没有什么问题。商业银行解决客户如厕的问题，也是对服务的一种升级。

软件与硬件相当于服务的两只手，两只手需要同时发力，才能够提升服务质量。因此，商业银行要与时俱进，做到软硬件按时升级。只有这样，才能给客户营造更加舒适、温馨的服务环境，并为商业银行开展开门红活动蓄力。